En förebedjares bekännelser

Mina första 35 år med miraklernas Gud

Kent Boström

Förlag: BoD – Books on Demand, Stockholm, Sverige
Tryck: BoD – Books on Demand, Norderstedt, Tyskland
ISBN: 978-91-8007-678-4

Förord

Har du någon gång tänkt på hur komplexa vi människor är? Efter bara några minuter med en ny bekantskap kan vi tycka att vi har fått en bra bild av personen. Ofta har vi ingen aning om vad den personen bär med sig i form av minnen, intryck och upplevelser.

Orsaken till att jag tar upp det här är att du här kommer få ta del av några av de mest omvälvande händelserna i mitt liv. Ett antal mirakel beskrivs detaljerat och några av dem inkluderar livsfarliga situationer.

Efter mycket övervägande har jag bestämt mig för att skriva ner berättelserna och nu har det äntligen blivit gjort. En del saker kommer inte alls vara så speciella i dina ögon, medan andra händelser kanske skulle ha utvecklats helt annorlunda om de hade hänt dig.

Jag förstår det. Mitt 'bagage' och mina värderingar skiljer sig nog en del från dina. Det blir extra tydligt när man börjar dela med sig av sina egna upplevelser, varav en del är på insidan och kanske inte alls syns utåt. Det gör ofta att en mäktig upplevelse lätt blir 'platt' för andra än en själv när man försöker att återge den. Trots den risken kliver jag ur min komfortzon och gör ett försök.

Nu kör vi.

Innehåll

Tillägg

1. Introduktion

Jag är född och uppvuxen i Eskilstuna, i en tämligen ordinär arbetarfamilj. Vi var verkligen inte rika men det fanns alltid mat på bordet och tak över huvudet. Den enda gången jag kom i kontakt med kristen tro som barn var när jag träffade min morfar Rudolf, som var en gammal pingstvän.

Han var en bönens man, men det visste jag ju inget om som liten grabb. Var mest förundrad över att man skulle sjunga till bords (alltså tacka Gud för maten med en kort sång) när man var hemma hos honom och mormor Ingeborg. Min erfarenhet av kristet inflytande var inte speciellt stort.

I unga år höll jag mig ofta för mig själv och hade inte alltid så många vänner. Fördelen var att jag blev ganska oberoende av vad andra tyckte om mig och behövde inte ta hänsyn till grupptryck så ofta. Den sociala delen har jag upptäckt senare och numera älskar jag att lära känna nya människor.

Min resa genom livet har inte följt en rak linje, snarare har den varit en snårig resa. Den har varit fylld av både tur och otur, korkade beslut och lyckade strategier.

Jag har också fått uppleva en stor portion Nåd från Gud, alltså att få något utan att förtjäna det. Jag tror att du kommer att hålla med om det.

2. Elektrisk olja?

*Där och då hände något som har
förvandlat mitt liv fullständigt!*

1980 bestämde jag mig för att bli kristen och gick med i en kyrka i Eskilstuna. Något år senare kom jag fram till att det inte riktigt var min stil. Det var alltför stelt och 'religiöst' för min smak. Jag respekterar dem som trivs i den miljön men det var inget för mig.

Två år hade gått och ett antal gudstjänster besökts. De bestod mest av att sjunga psalmer från 1800-talet och lyssna på predikningar som inte berörde mig. Till slut började jag ifrågasätta om det här var allt som fanns i det kristna livet. En dag, nyss hemkommen från kyrkan, satte jag mig i soffan och bad, öppnade mitt hjärta och sa:

"Jag är ledsen Gud men om det här är allt du har att erbjuda så är jag inte intresserad. Om du har något mer får du visa mig det för annars skippar jag det här. Att bara gå i kyrkan och leva ett präktigt liv är inget för mig, då har jag ett annat liv att leva".

Det var en enkel men brutalt ärlig bön. Inga förutfattade meningar och inga krav, jag ville bara veta om det jag hade sett hittills verkligen var allt. Så jag skippade kyrkan och slutade att gå på gudstjänster.

Några år senare, under våren 1985, lärde jag känna några andra kristna. De verkade ha en helt annan erfarenhet av kristet liv än min. När de läste ur Bibeln var det på något sätt som att texten var mer levande för dem än för mig.

De frågade om jag ville hänga med på en konferens och lyssna på en känd predikant på lördag. Blev ju inte direkt eld och lågor men hängde med ändå, i brist på annat att göra.

När vi kom fram till ishallen (där mötet skulle vara) blev vi inte insläppta, något jag tyckte var väldigt konstigt. Långt efteråt fick jag veta att en tjej i sällskapet hade betett sig illa och stört tidigare möten så mycket att hon hade blivit portförbjuden på konferensen. Trots hennes protester blev hon inte insläppt. Av respekt för henne ville mötesvärdarna inte förklara det för oss andra i sällskapet. Situationen blev så pinsam att jag bestämde mig för att skippa mötet. Vad var det här för konstigt folk?

Det kändes snopet att ha kört en timme bara för att vända i dörren, men så var det. På vägen tillbaka till bilen märkte vi att Hannu, en kille från vårt sällskap, hade gått in på mötet själv. Jag gick för att hämta honom men blev stoppad av en mötesvärd. Mötet hade börjat så det var för sent att gå runt i lokalen. Fick veta att mötet skulle hålla på i ungefär två timmar. Det fick bli en tur till McDonalds istället, där vi fikade och väntade. Vilken antiklimax.

Två timmar senare körde vi tillbaka för att hämta Hannu, men mötet var inte slut än. Ishallen var fullsatt men jag lyckades smita upp på läktaren. Där fanns en ledig plats, längst upp i det ena bakre hörnet. Ljudanläggningen räckte inte alls till för det hördes knappt något av vad som sades på scen. Och med folk som skymde sikten såg jag inte mycket heller. När det var dags att be gjorde jag som vanligt, knäppte händerna, blundade och tänkte på Gud.

Där och då hände något som har förvandlat mitt liv fullständigt.

Det går inte att beskriva vad det var som träffade mig. Det närmaste jag kommer är att någon hällde elektrisk olja i huvudet på mig. Vad det än var så uppfyllde det hela mig på ett sätt som inte kan förklaras.

Jag var tvungen att öppna ögonen och se mig om efter vad som orsakade det här. En kompis satt bredvid mig och såg att något hände med mig. Han frågade vad det var. *"Jag vet inte, känn!"*. Jag tog hans hand, det var som att han fick en stöt och hoppade till.

Jag visste (och du förstår nog också) att det inte var någon elektrisk stöt det var frågan om här, för varken elkabel eller kontakt fanns i närheten. Ingen olja heller, för den delen. När jag gick tillbaka till bilen efteråt var jag väldigt förbryllad över det som hänt.

Sittande bakom ratten fick jag nästa märkliga upplevelse. Hannu satt i framsätet och var nu på något sätt alldeles uppfylld av Guds närvaro. Jag hade en mycket tydlig förnimmelse av att han lyste som en kraftig lampa där han satt bredvid mig, blev nästan bländad av skenet! Det kändes som att han skulle kunna gå framför bilen i mörkret och jag skulle se att köra efter det ljuset. Det här hände den 21 april 1985. Jag glömmer aldrig den dagen.

De kommande månaderna kom flera upplevelser av Guds närvaro som var så kraftiga att de inte kan förklaras eller beskrivas med jordisk logik. Det var som att Gud sa *"Du ville se om jag har mer? Kolla in det här!"* Han hörde min enkla bön något år tidigare och hade bara väntat på rätt tillfälle.

Nu började jag läsa Bibeln på ett helt nytt sätt. Tänk om den innehåller en sanning som jag inte hade sett förut? Bestämde mig för att se hur mycket av den som gick att tillämpa i mitt eget liv.

Min resa med miraklernas Gud hade börjat. Hur nära kan man vara Jesus i vardagen? Det tänkte jag ta reda på.

3. Tarmvred

"Hade ni kommit in med pojken en timme senare hade han varit död nu!"

I början av 1960-talet, innan jag fyllde ett år, blev jag allvarligt sjuk. Tålde inte vällingen och blev sämre och sämre. Till slut kom ett akut tarmvred för att tunntarmen vridit sig runt sig själv. Mamma var orolig över att jag skrek oavbrutet och verkade må riktigt dåligt, så hon ringde en läkare och frågade om råd.

"Det är ingen fara, det är bara kolik" sa den första läkaren. Efter ett tag började jag bli blå i ansiktet så mamma bestämde sig för att ringa en annan läkare. *"Det låter allvarligt, jag skickar en ambulans på en gång"* blev svaret. Ambulansen kom snart och körde in oss till sjukhuset.

Det blev operation direkt och man lyckades räta ut tarmvredet. Efteråt konstaterade läkaren att jag inte hade överlevt en timme till utan sjukvård. Var i så dåligt skick att de inte kunde sätta dropp i armen på mig utan var tvungen att göra ett snitt i huden på benet för att hitta en blodåder att använda. Ärret finns kvar än idag, det är några centimeter långt och sitter under mitt högra knä. Läkaren hette Birger Wictorin, jag har honom att tacka för mitt liv.

Var min räddning verkligen övernaturlig? Mitt svar är både ja och nej. Mamma insåg ju att något var allvarligt fel och gjorde det som vilken förälder som helst skulle ha gjort. Men det är också sant att min morfar Rudolf var en bönemänniska som bad för alla sina barn och barnbarn varje dag. Min tro är att hans förböner hjälpte till så att vi hann in till sjukhuset i tid.

Det blev många besök i vården och min första födelsedag firades på sjukhuset. Minns inget av det själv men jag har fortfarande kvar den lilla nallen jag fick av en sjuksköterska som jobbade den dagen. På den tiden fick föräldrarna inte stanna kvar på samma sätt som idag utan fick bara komma på besökstid. Det måste ha varit tungt för både mamma och pappa.

Under uppväxten krånglade min hälsa, bland annat växte jag inte riktigt som man skulle. Dessutom var jag ofta orkeslös och hade flera diffusa symptom. Blev inlagd på sjukhus ibland för att man skulle ta flera prover. Vid några tillfällen var jag där i upp till en vecka utan att man lyckades hitta något större fel.

Ett speciellt minne var när en nyanställd sjuksköterska berättade att hon skulle sticka mig lite i armen. *"Du menar att du ska ta sänkan, eller hur?"* sade jag lugnt och lade upp armen så hon kunde sticka. Det var nog inte den vanligaste kommentaren hon fått från en pojke som inte ens hade börjat skolan.

När jag kom upp i tonåren misstänkte läkarna att jag hade celiaki, alltså glutenintolerans. På den tiden (mitten av 70-talet) fanns det mycket mindre kunskap om gluten än idag. Bland annat räknade man med att det bara fanns 30 personer i hela Södermanland som var glutenintoleranta. Idag vet vi att det snarare handlar om en folksjukdom. De få glutenfria produkter som fanns var både dyra och svåra att hitta så matlagningen blev en utmaning för min mamma.

När jag flyttade hemifrån valde jag att släppa den glutenfria dieten då den inte gjorde någon större skillnad för mig. På senare år har jag dock valt att dra ner på gluten betydligt då magen är lite lugnare då. En stor orsak är naturligtvis dagens stora utbud av glutenfritt, både i affärer och på restauranger. Min slutsats är att man kan vara känslig mot gluten utan att vara intolerant.

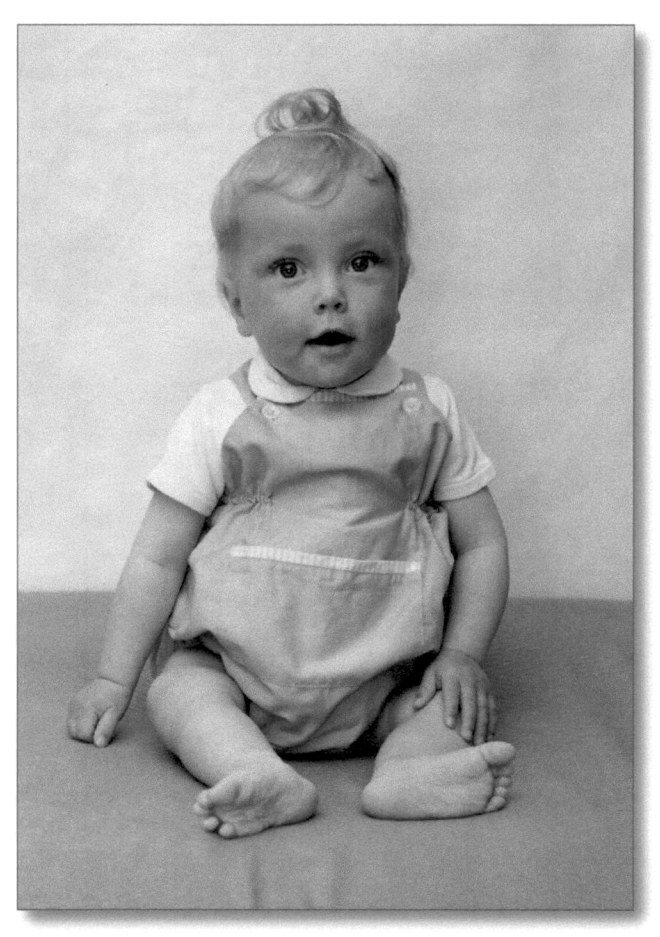

Här är jag nästan ett år gammal

4. En onaturlig fruktan

...sekunden efter upplevde jag att en mörk skugga lämnade mig.

1982 flyttade jag hemifrån och min första egna lägenhet var på gångavstånd. Var hemma hos mamma och hälsade på ganska ofta. På väg hem en lördagskväll kom tre jämnåriga killar som var fulla och ute efter slagsmål. En av dem kom emot mig och började slåss men han var för full för att det skulle göra någon skada. Insåg att jag aldrig skulle klara av dem själv så jag valde att springa därifrån istället för att slåss. De var för fulla för att hinna ikapp mig, så inget mer hände. Trodde jag…

Efter den där obehagliga upplevelsen var det som att en rädsla, närapå panik, klistrade sig fast i mig. Den gick inte att skaka av sig eller få grepp om, sen satt den kvar under flera år. När det var som värst kunde jag knappt gå ensam över torget en lördag eftermiddag, det var en känsla som inte går att klä i ord. Funderade på att ta hjälp av en psykolog men det blev inte av. Jag valde att inte berätta för någon utan höll problemet för mig själv.

Vid den här tiden hade jag börjat umgås med en grupp kristna som hade en levande tro på Jesus. Det var någonting i deras sätt att förvänta sig bönesvar som gjorde mig väldigt nyfiken. En lördagskväll i maj 1985 var vi några som samlades till ett bönemöte. En kille som heter Ronald frågade om han fick be för mig, och det fick han ju gärna göra.

Ronald lade en hand på mitt huvud och började be. Utan förvarning befallde han plötsligt fruktan att släppa mig. Jag hann inte reagera på vad han gjorde eller sade, men sekunden efter upplevde jag att en mörk skugga lämnade mig. Det var så verkligt att jag kommer ihåg den känslan än idag. Efteråt berättade Ronald om ett tilltal från Gud som han hade fått, att be för mig och den onaturliga fruktan jag bar på.

Han kände inte till min onaturliga rädsla för jag hade ju inte berättat om det för någon. Var den verkligen borta, på riktigt? Snart skulle det visa sig för det var dags att åka hem med kvällsbussen. Vetskapen att bussen skulle stå kvar vid en hållplats mitt i centrala Eskilstuna på en lördagskväll hade plågat mig innan, men jag valde ändå att åka på bönemötet. Sittandes där på bussen kom alla sinnen på helspänn och sökte efter tänkbara hot som kunde dyka upp.

Efter bara någon sekund slappnade jag av. Den där onaturliga fruktan hade verkligen försvunnit ur mitt liv! Jag kunde sitta kvar i bussen helt lugnt när chauffören gick ut för en rökpaus och lämnade dörrarna öppna. Den där känslan av panik kom aldrig tillbaka.

Efteråt har jag varit med om flera händelser som har varit både olustiga och farliga men den där kraftiga rädslan, paniken, har aldrig lyckats få tag om mig igen. Om jag hade gått till en psykolog hade jag nog fått diagnosen posttraumatisk stress, PTSD. Det hade bara förklarat den naturliga delen av mitt problem.

Orsaken till problemet låg på det andliga planet och försvann efter profetisk förbön. Idag, 35 år senare, finns inga som helst problem med den där panikartade rädslan jag kände under tre år. Jag är fri!

5. Det nya livet

En helt ny värld öppnar sig

Under våren 1985 började jag aktivt söka Guds närvaro. Efter att fått uppleva den så kraftigt ville jag veta om det fanns mer att få. Med oändlig aptit på det nya livet gick jag ofta på bönemöten, gudstjänster och kristna konferenser. De möten som jag tyckte var bra köpte jag kassettband med inspelningar från. Prenumererade dessutom på flera kassettserier med bibelundervisning.

På den tiden jobbade jag på F.E. Lindström i Eskilstuna, ett dotterbolag till Bahco som tillverkade eletroniktänger. Med ett stillasittande fabriksjobb kom möjligheten att lyssna på kassettband under arbetet. Varje morgon började med att lyssna på lovsång fram till frukost och sen började bibelundervisningen.

Ett av favoritämnena var den rättfärdighet vi har genom Jesus. När Jesus dog för oss på korset öppnades dörren till Gud. Det betyder att vi kan ha gemenskap med Honom på ett sätt som måste upplevas då den inte kan förklaras. Bibeln säger, i Johannes 1:12: *"Men åt alla som tog emot honom gav han rätten att bli Guds barn, åt dem som tror på hans namn"*.

Efter lunchen hann jag med ett undervisningspass till, innan arbetsdagen var slut. Det var som min egen lilla bibelskola på jobbet. Guds närvaro kom nästan direkt när lovsången ljöd i hörlurarna. Flera gånger var det sådan ljuvlighet att det kändes som att jag var halvvägs in i himlen.

Och det påverkade mitt arbete, på ett positivt sätt. På något sätt lyckades jag göra jobbet fortare än någon annan hade lyckats med innan. Med ett jobb på ackord var jag snart en av de bäst betalda på verkstadsgolvet. Och bitarna jag lämnade från mig var alltid perfekta. Kontrollanten kom ofta och inspekterade mitt arbete men hittade aldrig något fel.

Med det nya livet kom nya upptäckter. Mer och mer upptäckte jag att Gud inte hatar mig utan tvärtom. Han älskar mig (och alla människor på vår jord) så mycket mer än vi någonsin kan förstå. Det var ju därför Jesus valde att dö på ett kors för 2000 år sedan. Han betalade priset för att jag ska kunna ha en levande relation med Fadern.

Nästa upptäckt var att Han vill vara en del av mitt liv och inte bara åskådare. Ett av alla exemplen var när jag äntligen lyckades sluta röka. Hade försökt många gånger tidigare utan att lyckats, men den här gången vann jag kampen. Nikotinsuget satt hårt så det var inte lätt men den 17 maj 1986 kom dagen då jag fimpade för gott. Det tog över tre månader innan röksuget gav med sig, men det var värt den kampen.

Allt efter åren gick började jag förstå att Gud faktiskt är god, på riktigt. I Hans närhet hör och ser jag Hans ledning tydligare. Och Han har massor av goda gåvor till sina barn.

6. Flytten till Haninge

Mot nya vyer

U nder våren 1987 ville jag göra något helt nytt. Kanske gå en bibelskola? Många av mina kristna vänner gick, eller hade gått, på bibelskola. Funderingarna var många.

En dag fick jag höra om Brandbergens Frikyrkoförsamling, söder om Stockholm, och blev nyfiken. Ringde och fick veta att jag var välkommen att besöka dem. Just den dagen i april skulle de ha bibelundervisning i sin lilla lokal på Albatrossvägen. Jag fick en vägbeskrivning och några dagar senare var det dags att åka dit.

En god vän följde med som sällskap och tillsammans letade vi oss fram till adressen. När vi kom fram hade man precis en kort rast i undervisningen så vår timing var perfekt. Församlingens pastor, Stefan Swärd, kom fram och presenterade sig. Han såg gärna att jag skulle flytta till området och frågade mötesdeltagarna om någon av dem kunde hjälpa mig att hitta någonstans att bo?

Vi var välkomna att sitta med under nästa bibelstudiepass, vilket vi gärna gjorde. Jag kände tydligt att det här var platsen jag skulle vara på och bestämde mig för att flytta hit.

Direkt efter att mötet var avslutat kom en kille fram till mig och berättade att han hyrde ett rum hos en dam i församlingen. Han skulle flytta till sommaren och då skulle det rummet bli ledigt. Vi åkte dit så jag kunde titta på det. Även om det bara var ett rum var det precis vad jag behövde.

Boendet var det som jag hade oroat mig för mest, men det löste sig ju på en gång. Den första augusti 1987 gick flyttlasset. Jag har bott i kommunen sedan dess, med undantag för åren 1996–98, då mina studier förde mig till Eskilstuna.

Att hitta ett nytt arbete var snabbt ordnat. På den tiden fanns det så gott om jobb att Arbetsförmedlingen till och med åkte ut i bostadsområdena med mobila kontor och uppmanade människor att söka jobb.

I församlingen kändes det som att komma till mitt andliga hem, något som jag saknat i Eskilstuna. De flesta var inflyttade precis som jag och det var verkligen ett pionjärarbete man gjorde i området. Under åren som följde växte församlingen och man var aktiva med bland annat tältmöten bredvid en minigolfbana.

Det var spännande att bjuda in besökare till tältet och se hur de som kom blev berörda av Guds närvaro på mötena. Just de dagarna vi hade tältmöten var det ovanligt många som ville spela minigolf på kvällen. Vi hade en bra ljudanläggning så alla inom 200 meter hörde både lovsången och predikan tydligt.

En gång gick jag ut ur tältet mitt i mötet för att hämta en sak i min bil. Vid minigolfbanan var det fullt med folk som spelade. Ingen av spelarna pratade med varandra, alla ville höra vad som predikades.

Jag tror att människan är skapad för gemenskap med Gud och att det ligger en längtan i människors hjärta som inte kan tillfredsställas med något annat. Den längtan blev tydlig här.

Tältet i Brandbergen 1990. Än dröjer
det några timmar innan mötet börjar.

7. Det där med förlåtelse

Känslan att bli fri

E n stor del av den kristna undervisningen handlar om förlåtelse. En sökning på ordet 'förlåt' och dess varianter ger hela 171 träffar i Folkbibeln. Jesus talar om förlåtelse ett antal gånger, det mest dramatiska tillfället beskrivs i Lukas 23:34. Där hänger Jesus på korset och blir hånad av dem som har fått honom dömd på falska anklagelser. Ändå säger Han: *"Far, förlåt dem, för de vet inte vad de gör."*

Hans uttalande känns obegripligt för det mänskliga sättet att resonera, men vi får en förståelse för hur mycket Jesus älskar oss människor.

Under min uppväxt fanns en ovilja att förlåta människor som på något sätt hade gjort mig illa, speciellt när de inte bad om förlåtelse. Jag höll på min rätt att vara arg för det som har hänt.

Efter ett tag började jag ta till mig undervisningen om förlåtelse. Förlåtelse innebär ju inte att jag ger mitt godkännande till det som har hänt. Däremot hjälper det mig att släppa det onda minnet så att det inte plågar mig längre. Förlåtelse är inte en känsla utan ett beslut. Först måste jag alltså börja med att vilja förlåta en oförrätt, oavsett vad mina känslor säger. Efter det beslutet är det lättare att även börja släppa det känslomässigt.

Nu talar vi om förlåtelse rent generellt, jag har inte har varit med om så speciellt hemska saker i mitt liv. Under en period funderade jag mycket över vilka saker som jag behövde förlåta någon för. Senare kom insikten att hela min historia inte behövde rannsakas.

27

Om ett jobbigt minne kommer upp så tar jag upp det med mig själv på en gång. Efter att ha konstaterat att personen ifråga gjorde fel väljer jag att förlåta vederbörande. Hela saken är avklarad på mindre än en minut, personen som saken gäller behöver inte ens få veta om det. Om tanken kommer tillbaka påminner jag mig själv om att personen redan är förlåten. Det är ett enkelt men effektivt sätt som har hjälpt mig att släppa jobbiga minnen.

Här kommer ett annat minne upp, med en kvinna som lämnade mig bara någon månad innan vi skulle gifta oss. Det hände 1989 och tog nästan knäcken på mig. Hela historien är så tråkig att jag skippar detaljerna. Strax efteråt flyttade hon från trakten så jag såg inte henne så ofta. Det dröjde nästan 30 år innan vi träffades igen

Min fru Britta och jag hade börjat umgås med samma personer som hon och hennes man. Varje gång vi möttes blev det som en knut i magen på mig. Både min Britta och hennes man kände till historien och visste vad som hade hänt. Sen kom ett tillfälle när vi kunde prata ut om det som hade hänt. Jag fick berätta min syn på det som hände och hur det hade påverkat mig.

När hon berättade från sitt perspektiv kom en djupare förståelse för det jag hade anat hela tiden. Vi passade helt enkelt inte ihop.

Hon bad uppriktigt om min förlåtelse. Jag hade redan förlåtit henne 100 gånger och den här gången fick jag göra det personligen, ansikte mot ansikte med henne. Där och då hände något.

Mitt val att förlåta henne gjorde att jag kunde släppa alltihopa, en gång för alla. Nästa gång vi träffades var i ett köpcentrum där vi sprang på varandra. Vi småpratade några minuter innan vi gick vidare igen, åt varsitt håll. När hon gick konstaterade jag att den där knuten i magen inte längre fanns kvar. Jag var fri!

Förlåtelsen fungerade, även om det hade tagit så många år innan historien fick ett ordentligt avslut. Om det är något som jag verkligen uppskattar med det nya livet så är det undervisningen om förlåtelse. Den förändrar liv!

8. Äventyret i London

Jag har nog aldrig sprungit så fort i hela mitt liv!

Under sensommaren 1988 fick vi i Brandbergens Frikyrkoförsamling besök av en samling ungdomar från London. De var här på en evangelisationsresa och stannade i två veckor. Vi hade många roliga stunder tillsammans.

Senare under hösten höll jag kontakt med några av dem och blev inbjuden att hälsa på dem i Cobham, 25 km sydväst om London. Jag kanske ville fira in nyåret tillsammans med dem? Det gjorde jag gärna och såg fram emot mitt livs första flygtur.

Resan gick bra och de hämtade upp mig på flygplatsen Gatwick på nyårsaftons eftermiddag. Nyårsaftonen firades på en herrgård med 100 andra glada gäster. Alla hade trevligt och firade in det nya året tillsammans.

Mina vänner arbetade i veckan så jag hann utforska London en del på egen hand. En av kvällarna var jag bjuden på musikal, där vi såg *Starlight Express*. Man hade byggt upp banor runt hela teatern där sångarna som spelar de olika loken åker runt på rullskridskor. Det var en fartfylld föreställning. Så gick kvällen mot sitt slut och det var dags att åka tillbaka.

Det sista pendeltåget skulle gå tillbaka till Cobham kl. 00:10, alltså strax efter midnatt. Kom till Waterloo Station omkring 23:30 och kollade om jag kanske skulle hinna ta ett tidigare tåg?

Döm om min förvåning när jag tittade på tidtabellen och insåg att jag hade läst fel – det sista tåget hade redan gått och skulle **anlända** till Cobham kl. 00:10.

Nästan alla biljettluckor var stängda men en var öppen så jag kunde fråga om råd. Kanske kunde jag ta en nattbuss istället? *"Det går inga nattbussar, nästa buss dit går kl. 05:00. Men det går ett tåg till Effingham Junction om två minuter"* svarade biljettförsäljaren. Oj, var ligger den stationen? Jag hann inte fråga för nu blev det bråttom.

Hur skulle jag hinna med tåget, i andra änden av den här stora stationen? Jag har nog aldrig sprungit så fort i hela mitt liv! När jag kom fram till tåget stängdes dörrarna. Konduktören skulle precis kliva in i sin hytt i sista vagnen. *"Ska du med, eller?"* frågade han och öppnade dörren till sin hytt så jag fick komma in. Andfådd efter språngmarschen gick jag ombord utan att kunna fråga vart vi var på väg.

"Jag ska till Cobham, ligger det i närheten?" frågade jag när det gick att prata igen. Konduktören småskrattade åt mig. *"Nej, det ligger två miles från Effingham Junction"* svarade han. *"Ja, men det var ju inte så farligt långt, det är ju gångavstånd"* svarade jag för mig själv och fick en konstig blick till svar.

"Det är lugnt, jag kommer från Sverige och vi är vana att gå" försökte jag förklara. Han gav mig en förundrad blick och släppte in mig i passagerarnas del av tåget. Sittandes i den nästan tomma vagnen funderade jag på vilka promenadvägar som kunde finnas. Med lite tur var det inte bara motorvägar till Cobham.

När vi kom fram till slutstationen kom konduktören och erbjöd sig att skjutsa hem mig, han hade sin bil parkerad vid stationen. Naturligtvis tackade jag ja till det erbjudandet. Vilken tur jag hade, få skjuts med en vänlig person som inte ens skulle åka åt det hållet. Nu slapp jag gå en lång nattlig promenad i okänt område.

(När jag kollade upp avståndet mellan Cobham och Effingham Junction såg jag att det är 3,4 miles, alltså drygt en halvmil. Att gå den vägen skulle tagit en timme, för den som hittar i området. På den tiden fanns ju inte smarta telefoner med kartfunktion, så det hade blivit en lång och besvärlig promenad för mig.)

Konduktören skjutsade mig ända fram till dörren. Han var mycket vänlig och någon ersättning för skjutsen ville han inte ta emot. Med en lånad nyckel behövde jag inte väcka mina vänner när jag kom hem. Nästa morgon berättade jag för dem om mitt nattliga äventyr och turen att få skjuts ända till dörren. De tittade storögt på mig, sen på varandra och sen på mig igen.

"Tur?! Nej, du hade inte tur, det där är ett mirakel. Alla vet hur sura de anställda på Londons pendeltåg kan vara. Att någon skulle erbjuda sig att skjutsa hem en vilsen person frivilligt händer inte!" Guds nåd hade varit med mig mer än jag först förstod.

Några dagar senare, när jag kommit hem till Haninge igen, träffade jag en av de äldre damerna i församlingen. Innan jag hann hälsa eller säga något spände hon ögonen i mig.

"Vad har du gjort?!" frågade hon. *"Vi är flera som har varit i bön för dig och har varit jätteoroliga. Speciellt häromdagen, då Gud manade oss att be extra mycket för dig. Vi har samlats några pensionärer bara för att be för dig. Nu måste du berätta vad som har hänt!"*

Först blev jag lite förundrad över frågan, de var ju inte den oroliga typen av människor. Fick berätta om hur jag missade sista tåget till Cobham från Waterloo Station och hur allt hade löst sig så bra.

När jag berättade om min skjuts hem, mitt i natten, av en vänlig konduktör, sken hon upp.

"Nu förstår jag varför vi kände en så kraftig maning att be så mycket för dig. Tänk om du hade missat tåget eller varit tvungen att gå hela den långa vägen. Men vår Gud är god, han tog hand om dig ordentligt!"

Jag kan bara hålla med. Guds nåd var med mig, även i den mörka natten söder om London. Tack vare att några äldre vänner hade följt bibelordet *"Bär varandras bördor"* (Galaterbrevet 6:2) så kunde Gud återigen gripa in i mitt liv.

Benny Hill och jag på Madame Tussauds vaxkabinett i London

9. En kraschad ekonomi

Handlingsförlamningen var total...

Skulle du tro mig om jag berättade att jag har varit så utblottad att det inte fanns mat att äta på flera dagar? Under hösten 1992 hände det mig. Allt kom till en punkt där jag låg på min säng och bara väntade på att svälta ihjäl. Fysiskt, alltså, på riktigt!

Arbetslös och utan A-kassa eller någon annan inkomst i flera månader, så kom dagen när allt var slut. Kylen, frysen och skafferiet ekade tomma och jag hade drabbats av en total handlingsförlamning. Mina sista pengar hade gått till att betala elräkningen så att det åtminstone fanns lyse hemma. På den tiden var jag singel och insåg att mina alternativ höll på att ta slut. Det fanns inget hopp kvar.

Den dåvarande bostadsbubblan hade precis spruckit och min bostadsrättslägenhet hade tappat över hälften av värdet så den gick inte att sälja. Paniken gjorde att jag isolerade mig mer och mer från alla mina vänner. Kunde inte ens tänka tillräckligt klart för att ta kontakt med Socialkontoret och söka hjälp därifrån. Telefonen var avstängd så jag kunde inte ringa någon heller. Det var kört, helt enkelt. För mitt inre började jag se bilden av att inte överleva det här...

Men Gud hade nåd med mig! När allt hopp var ute ringde det på dörren och Eva H, en tjej i församlingen, stod utanför med en matkasse. Hon hade fått ett infall att besöka mig och ordna med lunch utan att veta hur illa min situation var. Som du förstår kommer jag alltid att vara tacksam för att hon följde sitt hjärtas röst, annars vet jag inte hur den här historien hade slutat.

Eva lyckades peppa mig att börja söka jobb och någon dag senare fick jag några timmars jobb som lärarvikarie i en skola. Med fler och fler vikarietimmar började ett hopp gro inom mig — jag kanske skulle klara det här ändå? Lyckades även komma iväg till Socialen så jag kunde få deras hjälp när lönen inte räckte. Efter att lägenheten blev såld på exekutiv auktion hade jag fortfarande stora skulder kvar. På den här tiden var låneräntan på över 15% så skulden fortsatte växa.

Naturligtvis har det varit en lång väg tillbaka, en väg som kantats av både under, mirakler och misslyckanden. Jag är självkritisk nog att inse att det var mina egna beslut som orsakade allt elände. Det var jag själv som köpte en lägenhet utan att ha ekonomi för det och det var mitt eget beslut att lämna A-kassan några år tidigare. Nu efteråt är det lätt att konstatera att det var två otroligt korkade beslut.

Allting vände när jag satt nere i Kenya hösten 1995. Hela den resan var ett mirakel för jag hade inte råd att betala något själv. På plats i Mombasa bestämde jag mig för att ta tag i min situation. Där beslutade jag mig för att skaffa en utbildning så att jag kunde få ett vettigt jobb och börja betala av mina skulder.

Ju mer jag tittar på omständigheterna med min upprättelse så här efteråt, desto mer ser jag av Guds under och mirakel. De kom som små men viktiga steg i utvecklingen. Jag sökte in på en utbildning till datatekniker pi Eskilstuna och flyttade dit innan antagningen var klar. Hade fortfarande socialbidrag och fick anmäla mig på Arbetsförmedlingen i Eskilstuna innan beskedet om antagningen kom. Efter ett halvår som inneboende i kompisens soffa fick jag ett förstahandskontrakt på en lägenhet, tack vare min vän Per-Owe som la några goda ord för mig hos hyresvärden.

Med den nyfunna motivationen gick jag in för studierna för fullt. Resultatet kom två år senare, med högsta betyg i 70% av ämnena. Efter det gick flytten tillbaka till Haninge 1998 och jobbsökandet började. Trodde jag skulle få jobb direkt men det var inte riktigt dags för det miraklet att komma på plats än. Den insikten kom först senare.

Det var väldigt frustrerande att inte få ett erbjudande om anställning trots 20–30 sökta jobb de första två månaderna. Till slut fick jag uppdrag som datalärare på Folkuniversitetet, på kvällstid. Det jobbet var så välbetalt att vi kunde betala vårt bröllop när jag gifte mig med min Britta, efter bara ett halvårs sparande. Vi behövde inte låna en enda krona.

Ungefär samtidigt fick jag anställning på Grindex. Där jag var kvar i tio år och nu började saker och ting komma på plats. Gud nöjde sig inte med att 'bara' ordna ett jobb åt mig. Han har välsignat mig med en utveckling på arbetet som har varit fullständigt omöjlig utan Hans ingripande. Det hade inte varit möjligt på någon av de andra arbetena jag sökte.

Det tog många långa år av gnetande och stretande med avbetalningar innan jag var skuldfri, men 2013 kom äntligen den dagen. Idag är min livssituation ljusår ifrån den där jag låg hungrig på min säng, hösten 1992.

Nu kanske du tänker att alla lyckliga omständigheter bara var tur, var det verkligen Gud som hjälpte mig? Jag säger som slalomlegenden Ingemar Stenmark sa, när reportern tyckte att han hade haft tur som vann i ett åk. *"Jag vet bara att ju mer jag tränar desto mer tur har jag."*

Tidigt i min vandring med Jesus kom insikten om att be tills saker och ting förändras. Uttrycket *"be igenom"* kommer från pingstväckelsen för nästan 100 år sedan. Man bad alltså ända tills omöjliga saker hände. (Jag förklarar lite om hur bön fungerar i kapitlet *"Kort om bön"*)

Det har verkligen varit många saker att be igenom många under åren. Bodde i en kompis soffa i flera månader innan det löste sig med boendet. Att leva på socialbidrag när jag studerade var minst sagt knapert. Och känslan av att veta inom sig att ett jobb är på väg känns lite speciell när man får tillbaka den ena jobbansökan efter den andra utan att få jobbet.

På ett ställe var vi 96 sökande och jag var en av de tre man valde mellan på slutet. Att de inte valde mig var en riktig besvikelse, men nu efteråt är jag mycket tacksam för det. Om det jobbet hade blivit mitt hade jag ju inte haft den utvecklingen som präglat mitt yrkesliv de senaste 20 åren.

En avgörande faktor var en chef på Grindex som erbjöd mig att byta anställning, till ett yrke som jag inte ens hade kompetens för. Att lämna karriären som IT-tekniker för att lära mig marknadsföringens principer genom att arbeta med det har varit otroligt utvecklande. Jag gick på ett antal kurser och upptäckte yrket bit för bit.

Mitt yrke kräver högskolestudier för att en arbetsgivare ska vara intresserad av en, men jag har bara gymnasiekompetens. Jag var t.o.m. tvungen att fråga vad titeln var på mitt nya jobb när jag fick det. För andra stavas mitt yrke Marknadskommunikatör, för mig stavas det *MIRAKEL*!

Grindex dränkbara länspumpar håller undan vatten
i en av slussarna vid Lilla Edet, 2009. Den här bilden
publicerades i flera branschtidningar.

10. *"Du mår inte så bra, va?"*

Jag såg på honom att han trodde
jag skulle dö när som helst.

I februari 1994 besökte jag Hamburg i Tyskland över en helg. Blev lite dålig i magen på bussresan på vägen hem efter att ha ätit något som inte var tillräckligt tillagat. Men den lindriga matförgiftningen startade något helt annat, och mycket värre, i min kropp. På något sätt hade immunförsvaret fått för sig att mina insulinproducerande celler var inkräktare och började bryta ner dem.

Två månader senare kom symptomen och jag blev konstant kissnödig och samtidigt väldigt törstig. Törsten gav inte med sig, hur mycket jag än drack. Tvingades gå på toaletten minst en gång i timmen då det kändes som att blåsan höll på att spricka. Gradvis blev det värre och värre, med upp till åtta toalettbesök varje natt.

Ett annat symptom var min viktminskning, tappade åtta kg på två månader. Den var så gradvis att jag själv inte märkte det. Familj och vänner märkte det desto mer och började tjata på mig att gå till doktorn. Själv ville jag inte tänka på saken, hade ju inte ont någonstans. Så småningom förstod jag att något inte var som det skulle.

Nästa symptom var stelheten, och nu började oron växa på insidan. Första gången det hände låg jag och vilade efter lunch när det blev dags att gå på toaletten. Fingrar, händer, armar och ben var som förlamade. Det var ungefär samma känsla som när en fot har somnat.

Det blev svårt att komma ur sängen och nu hade jag stora problem med fingrarna. Kunde knappt röra på dem och skulle knappast ha klarat något så enkelt som att plocka upp en penna från bordet.

Det var mycket besvärligt att gå på toaletten med en blåsa som var sprickfärdig när händer och fingrar inte fungerade riktigt. Stelheten kom oftast när jag legat eller suttit en stund. Precis som de andra symptomen blev det bara värre med tiden.

En ständig trötthet tvingade mig att sova större delen av dagarna. Till slut ringde jag vårdcentralen och fick en besökstid morgonen efter. Glömmer aldrig den dagen, det var den 25:e maj och solen sken. Jag var i så dåligt skick att en vän fick följa med som stöd på vägen. Väl framme på vårdcentralen tog de flera prover som undersöktes innan läkaren hade ett svar.

Hon förklarade för mig att jag hade fått diabetes, typ 1. Ett enkelt blodsockerprov visade att mitt blodsockervärde var uppe på 20, på fastande mage. Det normala är 5–8, har man över 15 är det ingen tvekan om diabetes. En icke-diabetiker går aldrig över 15 även om man äter vindruvor eller annat sött.

Fick en taxibiljett och gick hem för att packa min väska och äta lite mat. Inne på akutmottagningen på Nacka Sjukhus blev jag omhändertagen direkt. Nu blev det dropp och förflyttning till intensiven. Där blev det ännu mer provtagningar. Med ett blodsocker uppe i 25 fick jag mitt livs första insulindos. Under de två dygnen på IVA gick det åt över fem liter dropp. Läkaren berättade senare att i mitt uttorkade skick skulle jag inte ha klarat mig många dagar till. Flera blodkärl brast när man skulle sätta droppet.

Kroppen gensvarade direkt när jag fick insulin. Stelheten försvann nästan direkt och vikten ökade igen, bara den första veckan gick jag upp nästan två kg.

Vätskebehovet och behovet att gå på toaletten återgick snabbt till normala nivåer. Jag kände hur kroppens styrka kom tillbaka mer och mer. Efter några dagar var jag nästan återställd och kunde ta korta promenader utanför sjukhuset. Fick stanna på sjukhuset en dryg vecka för att ställa in insulindoserna ordentligt.

På sjukhuset upptäckte man också Addisons sjukdom. Ett av symptomen är en onaturlig trötthet och det hade jag ju tydliga symtom av. Om Addisons sjukdom inte behandlas leder den till döden men prognosen vid behandling är mycket god.

Behandlingen består av hydrokortison, en tablett som man tar varje dag. Effekten kom snabbt för några dagar efter utskrivningen från sjukhuset hade jag mer energi än någonsin tidigare. Blev tvungen att jogga flera km om dagen för att bli av med all överskottsenergi. Det tog några dagar innan kroppen hade vant sig vid den nya verkligheten och energin återgick till mer normala nivåer.

Var det verkligen ett mirakel att jag överlevde? Jag tror faktiskt det. Även om många detaljer har en naturlig förklaring spelade Guds nåd en viktig roll. Och församlingen bad ju mycket för mig. Ett minne som jag bär med mig är från akutmottagningen på Nacka Sjukhus. När de hade tagit alla blodprover och analyserat dem kom en av läkarna och ställde sig i dörren och bara tittade på mig en lång stund. *"Du mår inte så bra, va?"* sade han med en allvarlig min. Jag såg på honom att han trodde jag skulle dö när som helst. Det var Guds nåd som höll mig vid liv ända tills jag fick läkarvård.

Det är lätt att ställa sig frågan varför Gud tillåter att man drabbas av allvarliga sjukdomar som diabetes, speciellt som kristen? Jag tror att saker och ting händer i den här världen, precis som det regnar på både rik och fattig. Det finns inget 'fribrev' som gör oss kristna immuna mot elände och svårigheter. Trots det är Guds nåd med oss både i motgångar och i medgångar!

Idag, 27 år senare, har jag ingen av de följdsjukdomar som ofta drabbar diabetiker. Min diabetesläkare är lika förundrad över det varje gång jag träffar honom. Jag kan sköta mitt arbete och resa som vanligt (när det inte är pandemi, förstås).

Idag finns det avancerade hjälpmedel som underlättar betydligt. Ett exempel är sensorn på armen som hjälper mig att mäta blodsockret kontinuerligt utan att jag behöver sticka mig i fingret. Ett annat är insulinpumpen som automatiskt doserar rätt mängd insulin, dygnet runt.

Maj 1994. Bilden togs några dagar innan
jag sökte läkarvård.

11. På äventyr i Kenya

Den där känslan av att vara på fel plats...

Under våren 1995 efterfrågades en ljudtekniker som kunde tänka sig att hjälpa en stor lokal kyrka i Mombasa, Kenya. På den tiden var jag en av ljudteknikerna i Söderhöjdskyrkan och blev nyfiken på den här spännande utmaningen. Några telefonsamtal senare var det klart att jag skulle åka dit och i augusti samma år var det dags att resa. Församlingen i Mombasa betalade resan då jag inte hade råd med det själv.

Drygt två veckor innan det var dags för avfärd bestämde jag mig för att be om beskydd för resan. Nu kommer vi till saker som är lite svåra att förklara för en person som inte är van att leva nära Jesus.

Tänk dig att vi ber för resan samtidigt som vi tänker oss igenom de olika etapperna. Vid bilden av att vara nästan framme fick jag en mycket tydlig känsla av att något blev hotfullt. Vad det nu var så fanns det en tydlig och olustig känsla över det hela.

Efter att ha bett över saken i ungefär en halvtimme kändes det lika tydligt hur den där olustiga känslan släppte. Något skulle hända men nu visste jag att det skulle gå bra.

När jag landade i Nairobi kom en lokal pastor och hämtade mig på flygplatsen och körde mig till bussen mot Mombasa. En av mina farhågor var att något skulle kunna hända med mitt bagage. Efter lite diskussion fick väskorna vara inlåsta i ett speciellt utrymme dit bara chauffören hade nyckel. Bussresan gick bra, även om det tog hela dagen att köra 50 mil på de dåliga vägarna. Framåt kvällen började vi närma oss Mombasa och det började skymma.

Vänta lite nu, vart skulle jag kliva av? Ingen hade ju berättat vart jag skulle åka, och Mombasa är en stor stad. Det enklaste är väl att kliva av när alla andra gjorde så, det borde väl vara busstationen? När vi kom till ett ställe där alla andra passagerare steg av bussen följde jag med. Det var ett stort misstag.

När jag hade klivit av och fått mina väskor körde bussen vidare. Den där känslan av att vara ensam i ett främmande land, i en annan världsdel, och på fel plats…

Det visade sig att jag hade klivit av bussen lite för tidigt och var nu på Mwembe Tayari, Mombasas motsvarighet till Gullmarsplan i Stockholm. Det är alltså en knutpunkt för lokalbussarna i stan och ett ställe som var ökänt för rån och överfall.

Det är ett mycket osäkert ställe att vistas på efter solnedgången, speciellt för vita. Klockan var nu nästan 20 och det var mörkt ute. Alla som kommit med samma buss som jag klev på sina respektive lokala bussar och åkte iväg. Sen stod jag kvar där ensam.

Nu insåg jag vad det var för olustig känsla, två veckor tidigare. Den där bestämda känslan av att det skulle gå bra satt kvar, men vad skulle jag göra nu? Stämningen i luften började bli hotfull och jag såg flera personer iaktta mig på avstånd med stigande intresse. Fick en tydlig känsla av att det bara var en tidsfråga innan känslan skulle övergå till ett verkligt hot.

Flera personer kom fram till mig och erbjöd sig att skjutsa mig. Det kändes inte säkert att följa med någon som insisterade på att de visste vem jag var, trots att jag uppenbarligen var på fel plats. Efter några minuter kom en taxi som kändes säker. Taxichauffören kände väl till Jesus Celebration Center och berättade att han brukade besöka deras gudstjänster.

Kyrkan bestod av ett stort cirkustält (typ Cirkus Scott) och hade över 4000 sittplatser. Området bevakades av en vakt, beväpnad med pilbåge. När jag frågade efter Pia Lindh, den svenska missionären som skulle hämta mig vid busstationen, berättade han att hon snart skulle komma tillbaka. Hon och en kollega skulle hämta en besökare vid bussterminalen (mig, alltså). En kvart senare kom Pia och hon var mycket lättad att få se mig.

Hennes exakta ord var *"Du lever! Och du verkar inte ha blivit rånad!"* Pia berättade att de hade väntat vid busstationen när bussen från Nairobi kom in. Busschauffören berättade att den enda vita man som åkt med från Nairobi hade klivit av vid Mwembe Tayari. De kastade sig i bilen och åkte dit så fort de kunde. När de kom fram träffade de en person som de kände, han hade sett mig kliva in i en taxi.

Pia (som hade bott i Mombasa i flera år redan då) klev själv aldrig ur bilen vid Mwembe Tayari då det var ett så osäkert ställe att vistas på. Hon berättade om flera som blivit rånade och t.o.m. svårt misshandlade där. Tänk att Guds beskydd var över mig även den här gången!

Under de fyra månader jag var i Mombasa började jag förstå varför under och mirakler händer mycket oftare i dessa länder än här hemma i Sverige. De har en helt annan gudshunger och ett hjärta som inte är indoktrinerat av den gudlöshet vi ser överallt här i västvärlden. Det skapar förutsättningar att bli berörd av Gud på ett sätt som vi sällan ser här i västvärlden.

När en afrikan har blivit berörd av Gud berättar man det för både släkt och grannar. En gång när pastorn i församlingen handlade i en mataffär träffade han på en ledare för ett hinduiskt tempel. Mannen från templet log mot honom och sade glatt: *"Jag får gratulera, jag hör att er Gud gör under"*.

Det är sant, vår Gud gör under än idag!

Utanför Arlanda, augusti 1995. Resan till Mombasa har precis börjat. (Foto: Jonny Boström)

12. Första parkett

Som när vinden blåser på ett sädesfält...

Nu vill jag berätta om ett av de kraftigaste Gudsmöten jag har upplevt. Det hände i Mombasa under hösten 1995. Under fyra månader var jag där och arbetade som ljudtekniker i en stor lokal församling med över 20 000 medlemmar. Nu har de byggt en riktig kyrka på platsen, men då bestod den av ett stort cirkustält (typ Cirkus Scott), med 4000 sittplatser.

Varje söndag var ett mötesmaraton utan dess like. Man hade gudstjänster från klockan 06 till 18, varje vecka. Varje gudstjänst höll på i exakt en timme och 45 minuter. Med afrikanska mått är det en riktig prestation att kunna hålla en sammankomst inom utsatt tid. När ett möte var avslutat bytte de 4000 personerna inne i tältet plats med 4000 andra som stod utanför och väntade, och det tog bara 10 minuter. Det var ett myller av människor. Då mixerbordet (min arbetsplats) var uppbyggd på en hög bänk mitt i tältet hade jag första parkett. Med den utsikten såg jag allt.

Tänk dig hela den stora tältkyrkan, packad med folk. De satt på enkla bänkar, utan ryggstöd. Här fanns inte den bekvämlighet vi tar för givet i västvärlden, utan man placerade så många som det var fysiskt möjligt att få in på en bänk. Bänkarna stod så tätt att du hade knäna i ryggen på den framför, och själv hade du ett par knän i ryggen. Mötesvärdarna var skickliga i att ordna maximalt antal människor på en liten yta.

En kvart efter att det förra mötet hade avslutats steg lovsångarna upp på scenen igen för att leda nästa grupp i lovsång. Alla Kenyaner älskar musik och den ska spelas högt. Längst fram på scenen stod höga travar med högtalare. Det är ofattbart hur de som satt på första bänkraden stod ut med den höga ljudnivån, det var som på en rockkonsert. Förstärkarna var placerade i ett luftkonditionerat rum för att inte bli överhettade.

När lovsången drog igång gav sig alla hän på ett sätt som jag aldrig glömmer. Alla människorna sjöng med och hoppade och studsade, som popcorn, i takt med musiken. Alla, till och med småbarnen, visade sin glädje. Ofta var det en svensk missionär, Pia Lindh, som ledde lovsången och hon gjorde det med en energi man inte ser så ofta.

Församlingen hade ofta gästpredikanter på besök, den jag ska berätta om nu kom från Nigeria. Jag kommer inte ihåg hans namn, men ett av hans möten kommer jag aldrig att glömma. Det var på den tredje dagens kvällsmöte som han berättade att *"nu ska vi låta Gud besöka oss med sin Helige Ande, på ett speciellt sätt"*. Han hade pratat om den här kvällen tidigare så förväntningarna var höga på mötet. Efter en kort predikan fortsatte lovsången i det fullsatta tältet. Alla i mötet stod upp och lovprisade Gud när det hände.

Det jag fick se beskrivs enklast som när vinden blåser på ett sädesfält och vetet böljar sig i vinden, men här handlar det om människor. Plötsligt kom Guds närvaro kraftigt över en grupp med minst 50 personer som föll ihop handlöst under Guds kraft. Jag har sett folk falla under Guds kraft tidigare, men aldrig i så stora skaror. Sekunden senare faller en annan och större grupp ihop, de var kanske 200 människor.

Sedan hände det om och om igen, och inom en minut hade flera hundra (om inte ettusen) personer kommit under Guds kraft så mäktigt att de inte kunde stå på benen.

Jag tycker att jag är en rationell person och naturligtvis har jag funderat över det här efteråt. Vad var det som hände egentligen? Var det masshypnos? Eller masshysteri? Vad hade predikanten för knep? Vad gjorde pastorn och lovsångarna? Hade alla blivit galna?

Jag kan bara återge det jag själv såg och var med om. Guds närvaro går inte att förklara så lätt men ibland känns den som att luften är fylld av en oljedimma och vibrerar. En annan känsla man kan få är som en svag elektrisk ström genom kroppen, utan vare sig kabel eller elektricitet. Både gästpredikanten och pastorn höll en låg profil då Guds Ande var på besök och de välkomnade Honom utan att stå i vägen.

Lovsångarna på scenen fortsatte att leda lovsången. Det var inte det enklaste då några av dem var under Guds kraft så mäktigt att de inte kunde stå utan låg utslagna på scenen.

De som var mest aktiva var mötesvärdarna. De hade fullt upp att flytta undan bänkarna så att människorna inte låg på dem. Flera av dem föll också under kraften men de som kunde började plocka undan bänkarna och trava dem utanför tältet. Kvar låg människor överallt, det såg nästan ut som att en bomb hade exploderat. Men det fanns inget blod här, bara människor som var överfyllda av Guds närvaro. Och ingen gjorde sig illa när de föll.

Det finns flera orsaker till att jag inte tror på masshysteri eller något sådant. Det första är att man inte vill ramla på det stampade jordgolvet som fanns i tältet. När folk kom till sans och reste sig upp igen var de smutsiga av allt damm, men djupt berörda. Den andra orsaken till att jag tror att det var Gud som besökte sitt folk är resultatet av Gudsmötet de hade varit med om.

Flera människor vittnade om hur de hade blivit av med värk och sjukdomar utan att någon hade bett för dem. Andra berättade om svår ångest som hade lämnat och aldrig kommit tillbaka. Dagarna efteråt fick vi t.o.m. höra människor berätta hur de hade fått besöka Himlen en stund. Om det går att få sådana saker att hända med masshypnos eller masshysteri så tycker jag att vi behöver mer av det, speciellt när sjuka blir friska!

I Bibeln står det skrivet på flera ställen hur Gud besökte sitt folk på ett speciellt sätt. Ett av dem beskriver vad som hände när man invigde Templet i Jerusalem. Första Kungaboken berättar i kapitel 8 att *"Herrens hus uppfylldes av molnet* **så att prästerna inte kunde stå och göra tjänst** *på grund av molnet, eftersom Herrens härlighet uppfyllde Herrens hus."*

Tillbaka till tältet i Mombasa, där de flesta kom till sans igen efter några minuter med sitt möte med Jesus. Flera personer var dock så djupt berörda att de var som borta uppemot en timme. Mötet fortsatte med oavbruten lovsång en god stund till. Ingen hade bråttom hem då alla njöt av Guds närvaro. Jag själv var också djupt berörd, även om jag inte föll ihop som så många andra gjorde. Min egen erfarenhet är att man kan ha ett mäktigt Gudsmöte på insidan utan att det syns på utsidan.

Dagen efter fick jag tillfälle att tala med pastor Wilfred Lai och gästpredikanten om det som hänt. Båda berättade att när den Helige Ande kommer på besök så där mäktigt är det läge att ta ett steg tillbaka som mötesledare, och låta Honom utföra de mirakler som Han vill.

Det enda vi kan göra är att ha är ett överlåtet och förväntansfullt hjärta. De hade inget speciellt 'trick' för att starta det som hände. Gud känner våra hjärtan och svarar på vårt hjärtas rop. När jag har berättat det här för vännerna har det hänt att någon reagerat och sagt att det är olustigt med så kraftiga manifestationer. Men det fanns inget olustigt den där kvällen.

Hela luften var fylld med en ljuvlig atmosfär som inte kan beskrivas. Alla på platsen var alldeles uppfyllda av den och mådde sådär otroligt bra som man bara gör i Guds närvaro. Jag har många gånger haft kraftiga Gudsmöten själv, både hemma i min ensamhet och på möten.

Glöm inte att Gud är en gentleman. Han kommer gärna på besök men bara om Han känner sig välkommen. Och du behöver inte vara orolig, Gud kan vidröra dig utan att du ramlar i backen.

13. Att finna en hustru

Tjejen med de vackraste ögonen jag sett

När jag hade fyllt 20 tyckte jag att det var dags att stadga sig. Problemet var att hitta någon som man vill spendera resten av sitt liv med. Bilden är nog välbekant för de flesta, man hoppas på att träffa *Den Rätte* så snart som möjligt. Ingen vill väl ödsla tid, energi och känslor på ett förhållande som inte håller i längden.

Några av mina vänner har hittat rätt livskamrat ganska snabbt men tyvärr är de i minoritet. Mina egna erfarenheter är inte heller så roliga. Listan på tråkiga förhållanden inkluderar både vanliga, trevliga tjejer och en mytoman. Nog talat om det.

När jag började vandra med Jesus 1985 var min blivande fru naturligtvis ett vanligt böneämne. När ska jag få träffa henne? Måste det dröja så länge? Varför ska det vara så krångligt? Frågorna var många. Till slut kom insikten att jag kan vänta, om tiden inte är inne än. Men då behöver jag ett tecken så att jag kan koppla av.

Efter en stund i bön fick jag se en syn. Det var inte så spektakulärt som det låter utan bara en bild som kom upp i mitt hjärta. Tänk dig att du tar ett porträtt av en vacker kvinna och beskär det så hårt att bara ögonen syns. Inga ansiktsdrag, inget hår utan bara ett par vackra ögon. Det är precis vad jag såg. Förstod direkt att de vackra ögonen jag såg tillhörde min kommande fru.

Första gången jag såg Britta var på ett tältmöte i Brandbergen, hösten 1987. Jag reagerade direkt på hennes vackra ögon och frågade en vän om han visste vem hon var? Det här hände bara några veckor efter att jag flyttade till Haninge så det fanns många okända ansikten. *"Hon heter Britta"* svarade han. Och inte var hon gift heller.

När man berättar det så här långt efteråt så undrar man varför det skulle ta så lång tid innan jag kopplade ihop Brittas vackra ögon med synen jag hade några år tidigare. Det fanns naturligtvis ett par orsaker till att det dröjde ett antal år innan vi blev ihop.

Under hösten 1998 började jag arbeta som datalärare på Folkuniversitetet på kvällstid. Insåg snart att jag skulle kunna spara en stor del av lönen för att kunna förhandla bättre med mina långivare. Den 6 december blev Britta och jag ihop. När jag friade (9 februari 1999) kunde jag istället ta de pengarna och börja planera vårt bröllop. Vi behövde inte ta en krona i lån.

Britta och jag gifte oss i Österhaninge Kyrka den 15 maj 1999. Vi hade bibelordet Ordspråksboken 18:22 på våra hjärtan hela dagen: *"Den som funnit en hustru har funnit något gott, han har fått nåd från Herren."*

Det var en vacker, molnfri vårdag och hela världen log emot oss när vi kom ut från kyrkan efter vigseln. Efteråt berättade gästerna att till och med småfåglarna fröjdade sig. Plötsligt började de kvittra och sjunga för fullt, precis när vi kom ut på kyrktrappan. Det är ett speciellt minne.

Ett annat speciellt minne var när värdinnan tappade vår bröllopstårta i golvet på festen. Vilken antiklimax!

Dessbättre var det ett skämt, men min mamma gick inte alls på det. Hon sa: *"Det där är ingen riktigt tårta! De är så tunga att man inte kan bära in dem på det där sättet"*.

Hon hade rätt men applåderna när man rullade in den riktiga tårtan antydde att de flesta gick på skämtet. En av gästerna utbrast glatt *"Vilken tur att de hade en till tårta!"*

När man ser tillbaka under de snart 22 år vi har varit gifta har det inte bara varit vackert väder och leenden i vårt äktenskap. Vi har haft våra svårigheter att komma överens om olika saker och stundtals har det varit kämpigt.

På något sätt har vi lyckats att hitta en väg framåt tillsammans, även i de mörkaste stunderna. Ömsesidig respekt för varandra har varit en av nycklarna till att vi inte gav upp när det var jobbigt. Och med ökad respekt växer kärleken.

14. Snöstorm och ishalka

Några mil norr om Hedemora, på väg 70, hände det.

Det här hände i december 2002, då vi besökte Brittas familj utanför Rättvik, helgen innan jul. Vi hade bytt bil några månader tidigare och fått med dubbfria vinterdäck. På vägen upp var det vackert väder och 35 trevliga mil med solsken och torra, fina vägar.

Varje gång vi var i närheten av en timmerbil tyckte Britta det var obehagligt, det hade hon aldrig brytt sig om förut. Hon berättade om vad hon upplevde men jag hade svårt att förstå vad hon menade.

Under helgen kände jag en växande oro som inte hade någon naturlig förklaring, det var som en föraning om något hemskt som väntade på att få hända. Till slut bestämde jag mig för att be igenom saken.

Nu kommer ett ord in i bilden som du kanske inte har mött förut, nämligen **bönebörda**. Det är en stark och övernaturlig uppmaning från Gud att be. Som kristen kan man få den när Gud vill göra något ingripande och behöver vår hjälp. Du kan läsa mer om det i kapitlet *"Kort om bön"*.

Stundtals var bönebördan så tung att jag inte visste om jag skulle orka be igenom den. Det tog flera timmar i bön men till slut släppte den. Nu visste jag att något skulle hända men jag visste också att det skulle gå bra. Det hade regnat och på söndagseftermiddagen började det bli kallare, med snö och blåst. Vinden ökade i styrka till en full snöstorm.

TV-meteorologen berättade att snöstormen nu hade nått en nivå där man avrådde från all bilkörning som inte var absolut nödvändig. Vi var ju tvungna att åka hem, det fanns inget alternativ då vi skulle jobba dagen efter. Stormen var kraftig och snön föll mer horisontellt än vertikalt. Det enda som syntes av vägbanan var två svarta spår i snön. Vetskapen att det kunde vara is lika väl som asfalt gjorde inte saken bättre.

Några mil norr om Hedemora, på väg 70, hände det. Vi var på en 90-väg och höll ungefär 80 km i timmen när vinden plötsligt höll på att pressa bilen av vägen. Med bakvagnen farligt nära diket hade jag fått en fullt utvecklad sladd att parera.

Som tur är har jag erfarenhet av halkkörning och visste instinktivt hur jag skulle hantera situationen. Sladden gick att häva men det skulle komma fler. Vägen gick nu förbi öppna fält där vinden fick upp farten ordentligt och fortsatte att slita i bilen. Stormen tvingade fram flera nya kast innan vi nådde Hedemora.

Naturligtvis var vi skärrade över det som hänt. Vi stannade till vid en kvällsöppen bensinstation för att ta en kopp kaffe och lugna ner oss lite. Vi visste att snöstormen skulle fortsätta några timmar till så vi bestämde oss för att fortsätta resan hemåt, trots det dåliga vädret.

När vi hade passerat rondellen vid centrala Hedemora hände det igen. Bilen hade börjat få upp farten när ett vindkast plötsligt pressade på från vänster, den här gången hårdare än någonsin. Bilen fick en våldsam sladd fast vi bara körde i 70. Om jag inte lyckades räta upp bilen skulle jag tappa kontrollen helt. Vi skulle då komma över på fel sida av vägen, där en fullastad timmerbil kom åkande.

Chansen att överleva en sådan krasch hade inte varit stora. Den där känslan under de kritiska ögonblicken går inte att förklara. Allt gick som i slowmotion innan bilen äntligen började räta upp sig på vägbanan igen. Det tog inte många sekunder men det kändes som minuter. Britta var så rädd att hon grät och själv var jag så full av adrenalin att jag var absolut klarvaken. Och vi hade 15 mil kvar att köra innan vi var hemma.

Resten av resan gick dock bra. Snöstormen lugnade ner sig och övergick i snöfall. När vi äntligen kom hem några timmar senare kändes det som att vi hade fått livet tillbaka. Det går inte att beskriva det lyckorus vi kände. Vi hade överlevt snöstormen!

Tack Jesus!

15. Att ramla från en balkong

...han blev hängande i balkongräcket, från utsidan

Det här hände en helg under hösten 2005. Återigen kommer jag till saker som inte riktigt går att förklara, jag hoppas att du har överseende med det. Under en hel dag bar jag på en olustig känsla, en föraning om att något skulle hända. Känslan gick inte att skaka av sig, så jag började be utan att veta vad jag bad för. Med profetisk förbön är det ofta så, man förstår först efteråt när den man har bett för berättar om vad han/hon gått igenom.

Framåt kvällen blev bönebördan tyngre och tyngre och känslan av allvar blev mer och mer påtaglig. Till slut var jag inne i en intensiv bön men det kändes som att jag inte kunde be igenom det här. Plötsligt släppte bönebördan och Guds frid kom med en ljuvlighet som inte går att beskriva. Jag tittade på klockan, den var strax efter 22.

Dagen efter ringde jag C, en god vän i Eskilstuna. Innan jag hann berätta om vad jag upplevde dagen innan berättade han om en märklig händelse. Kvällen innan hade han varit ordentligt full. Efter 22-nyheterna gick han ut på balkongen för att hämta lite luft men var så trött att han lutade sig mot balkongräcket.

Och där somnade han, lutad över balkongräcket. Du kan säkert gissa var den här berättelsen är på väg, för han föll ut från balkongen och blev hängande i balkongräcket, från utsidan.

C bor alltså på fjärde våningen. Lagom när han började inse allvaret i situationen tappade han taget och föll handlöst, rakt ner.

Tur i oturen hade hyresvärden grävt upp buskarna rakt under hans balkong bara några dagar innan. Jorden var lerig och mjuk efter dagens regn så han landade ganska mjukt. En meter från platsen där han landade är en asfalterad gångväg som han precis missade.

Min självklara fråga var ju hur det gick för honom; bröt han något? Nej, den enda skadan han fick var att han skrapade i underarmen i väggen när han föll. Från fjärde våningen! Nu var problemet att han inte hade nyckeln på sig och ytterdörren var låst. Han fick alltså gå två km i bara strumplästen till en person som hade en reservnyckel hemma.

Det var speciellt att kunna berätta om den bönebördan jag hade kämpat med vid precis samma tid som han föll. Du får naturligtvis tro vad du vill men jag vet att Guds änglar var med och beskyddade min vän så att han föll på det sättet han gjorde, utan att slå sig fördärvad. Det är alltför många omständigheter som stämde för att jag ska tro på tur och slump i det är fallet.

Det som fascinerar mig mest är den där känslan av att kunna göra nytta i Guds rike, på ett sätt som påverkar andra människor positivt. Trots alla mina fel och brister har Gud i sin nåd valt att använda mig. Och inte bara mig. Han har en plan för varenda människa på vår jord. Vi är oändligt dyrbara i Hans ögon, Jesu högsta önskan är att få bli din vän.

16. Vattendriven borrning

Ett anställningserbjudande i precis rätt tid

Efter att ha jobbat på Grindex i över tio år fick jag ett erbjudande att börja på moderbolaget och hjälpa en av affärsenheterna med sin kommunikation. Under en längre tid hade jag känt att det var dags för något nytt så när jag fick det här erbjudandet antog jag det direkt. Både ansvaret och lönenivån åkte upp en bit.

Den 3 maj 2010 började jag men glädjen blev ganska kortvarig. Redan under första veckan kändes det som att jag hade hamnat på fel plats. Vi skippar detaljerna men det var flera saker som inte stämde med vad jag hade hoppats på.

Under året som gick vantrivdes jag mer och mer. Till slut kände jag att det inte skulle hålla så länge till. Både jag och mina böner blev alltmer desperata. Hur jag skulle hitta nästa jobb?

En viktig milstolpe kom en solig dag i augusti 2011 när vi körde ut till stugan. Sträckan tar drygt en timme att köra och efter ett tag somnade Britta i passagerasätet så jag började be tyst för mig själv. Jag hade resonerat med mig själv och kommit fram till att jag borde satsa på att ha min anställning kvar, det var ju trots allt ett bra jobb.

När nu jag bad över det kände jag tydligt hur det sa NEJ på insidan. Det var verkligen dags att lämna, fast det var ett svårt beslut att fatta. Min åsikt är att man ska ha en ny anställning klar innan man säger upp sig. Att riskera att bli arbetslös var ingen lockande tanke, så den här situationen var ganska obekväm.

På måndag morgon förklarade jag för min chef att jag kommer att lämna företaget. Om han kunde tänka sig att köpa ut mig kunde han ta in en ersättare snabbare. Några dagar senare gav han mig ett erbjudande som jag tackade ja till. Min sista arbetsdag skulle vara några veckor senare, fredag den 7 oktober 2011.

Lite tidigare samma år, efter semestern, hade jag fått veta att en av mina tidigare chefer hade sagt upp sig och skulle lämna företaget i början på september. När vi samtalade om saken berättade jag om mitt beslut att lämna inom en snar framtid. *"Om du kommer att behöva min kompetens så blir den snart ledig"* förklarade jag.

Till slut hade dagen kommit då det var dags för mig att lämna över dator, nycklar och annat som hörde till arbetet. Dagen avslutades med det traditionella avskedsfikat och diverse artigheter. När jag höll på att plocka undan disken efter fikat ringde telefonen. Det var alltså fredag eftermiddag och klockan var strax efter tre.

Det var min tidigare chef som ringde på denna min sista arbetsdag. *"Nu har jag diskuterat situationen med min chef och fått godkänt för att anställa en marknadsförare. Jag har ett anställningserbjudande till dig"* sade han.

Hela mitt hjärta jublade och naturligtvis svarade jag JA direkt. Jag hade ingen aning om företaget, annat än att det är ett dotterbolag till LKAB som då fanns inne på Södermalm i Stockholm. Vi kom överens om att jag skulle börja på måndag den 7 november. Jag fick alltså en månads semester innan det var dags att börja mitt nya arbete.

Redan första dagen på nya jobbet visste jag att jag hade hamnat helt rätt. Vid introduktionen fick jag veta att man hade uppfunnit ett nytt sätt att borra med vattendriven utrustning. Hanteringen av tryckluft var både dyr och ineffektiv för LKAB så den här nya borrtekniken både sparade enorma pengar och gav en mycket bättre arbetsmiljö. Tekniken hade visat sig fungera bra även i andra applikationer, såsom vid stabilisering av lös mark vid grundläggning. Nu behövde man hjälp att få ut budskapet till byggbranschen.

Det fanns beslut om att ta fram en ny grafisk profil, alltså logotype och annat som påverkar hur trycksaker, visitkort och annat ska se ut. En varumärkesbyrå tog fram en helt ny stil åt oss och en annan byrå hjälpte oss att ta fram nya broschyrer och en snygg hemsida. Nu såg marknadsmaterialet inte längre ut att komma från ett garageföretag som hade klippt ihop något själva.

Nästa steg var att få branschmedia att skriva reportage om oss. Med mina kunskaper från tidigare år med samma arbetsuppgifter fick jag en kort startsträcka. Snart hade alla internationella byggtidningar och gruvtidningar hört om oss och ville veta mer. Jag fick skriva flera tekniska artiklar som förklarade tekniken på ett sätt som folk kunde förstå utan att vara ingenjörer. Det var spännande att få information från utvecklingsavdelningen och göra den lite mer lättförklarad.

Höjdpunkten blev Bauma i Tyskland, april 2013. Bauma är världens största bygg- och gruvmässa som går av stapeln i München vart tredje år och har över 2000 utställare från hela världen. Det mesta jobbet gjorde jag själv, bokade monteryta och designade montern.

Tre månader innan mässan gick av stapeln organiserades en stor pressträff där vi utställare fick träffa redaktörer från branschmedia. Ett antal redaktörer tog emot det pressmaterial jag hade förberett i förväg. Genomslaget i branschmedia blev tydligt och jag trivdes som fisken i vattnet.

Återigen inser jag hur lätt och självklart allt låter när jag beskriver det. Och återigen måste jag förklara att det här inte hände av sig själv. Ett tag stod bönebördorna på rad och frustrationen över att inte se någon förändring var tydlig.

Men, den som ber, han får. Gud har gång efter gång visat sin nåd och barmhärtighet med mig när jag väljer att följa honom. Det här är ett i raden av alla ingripande jag har fått bevittna genom åren.

Vid det här laget tror jag du är beredd att hålla med mig om att det är lite för mycket för att påstå att jag bara har haft tur under alla dessa år.

Augusti 2013, platsen är Fatbursparken i
Stockholm. Man borrar ner stålrör, ända ner
till urberget, för att stabilisera marken. Den här
bilden publicerades i flera branschtidningar.

17. Att starta företag fast man inte vill

*"Hej, jag har blivit rekommenderad
att ringa dig. Kan vi träffas?"*

D en började i slutet på sommaren 2015, den där känslan av att något i mitt yrkesliv skulle förändras. Den kombinerades med en oro som inte gick att sätta fingret på. Historien om hur jag fick det här jobbet på ett dotterbolag till LKAB är ett annat mirakel. Jag trivdes fantastiskt bra med det, men nu hade det gott fyra år och det kändes som att det var dags att göra något annat.

I oktober kom en god vän med en tydlig hälsning från Himlen, en profetia: *"Gud har något nytt för dig!"* sade han. Ett typiskt kännetecken för en profetia från Gud är att den bekräftar det man redan har i sitt hjärta. Och det stämde ju verkligen.

Det blev dock inte riktigt på det sätt jag tänkte mig. Under hösten fick min arbetsgivare sparkrav från moderbolaget och man var tvungen att säga upp anställda. Egentligen behövde man anställa för att kunna expandera som planerat, men istället blev det neddragning. Fyra personer behövde lämna och tre hade redan gått till andra företag. Alltså var det bara en person som behövde sägas upp och det blev jag.

Dagarna innan jul gick jag hem och var arbetsbefriad under uppsägningen. Med gott om tid att fundera började jag se över mina möjligheter och val. Jag hade ju 15 års erfarenhet av marknadsföring, men ingen utbildning.

Utan en formell utbildning inom marknadsföring skulle det vara svårt, nästan omöjligt, att hitta en ny anställning. Min breda erfarenhet av jobbet hade gett mig en unik insikt i yrket, men det väger inte tungt när den jämförs med utbildning.

Tänk om jag skulle starta eget företag istället? För många år sedan var jag anställd på ett företag där jag i praktiken var egen företagare. Det slutade med en ekonomisk krasch som tog 20 år att städa upp, så jag hade min förutfattade mening klar. För det första ville jag inte vara egenföretagare. För det andra hade jag ju ingen bra affärsidé. Så nej tack!

Den här idén gick dock inte att vifta bort, istället kom den där tanken tillbaka gång på gång. Och ju mer jag bad över saken, desto mer frid kände jag inom mig över att faktiskt starta företag. Det kanske inte var så omöjligt trots allt? Jag började fundera på hur jag skulle få denna idé att bli verklighet. Var det ens möjligt?

Jag kommer aldrig att glömma den där dagen i slutet på februari 2016. När Britta hade gått till jobbet satte jag mig ner för en bönestund och började tala ut det som låg på mitt hjärta:

"Jesus, Du känner mitt hjärta utan och innan. Helige Ande, du vet att jag inte vill starta företag. Jag vill inte, men jag förstår att Du vill att jag ska göra det. Så nu lägger jag ner mitt motstånd mot den idén."

"Jag väljer att lita på Dig, *fast mitt förnuft säger nej.* ***Jag väljer att lyda Dig och starta företag.*** *Om det här inte är Din väg så ber jag att du visar mig det tydligt, innan det är försent. För jag klarar inte av en till ekonomisk krasch."*

Det går inte att beskriva den FRIDEN jag kände i mitt hjärta när jag hade bett klart. Himlen hade talat. Nu kunde jag börja arbeta på att förverkliga denna idé. Jag ville inte ta något lån så allt måste göras enkelt och väldigt kostnadseffektivt.

Trygghetsrådet hjälpte mig genom den försäkring som min tidigare arbetsgivare hade. Jag fick bland annat hjälp att sätta ihop en komplett ansökan om Starta-eget-bidrag, något som blev avgörande.

En liten detalj om Starta-eget-bidraget: Man kan tycka att det borde vara något som Arbetsförmedlingen gillar. När över 80% av företagen överlever sitt första år är det bevisligen en lyckad arbetsmarknadsåtgärd. För mig var det inte alls lätt att få det bidraget. Först vid mitt tredje besök fick jag tala med en arbetsförmedlare som såg möjligheten för mig att kunna driva ett företag. Under tiden hade jag hunnit utarbeta en affärsplan och tagit fram en rimlig budget.

När jag nu beskriver min process med att starta företag förstår jag om du, käre läsare, får bilden av att allt bara ordnade sig av sig självt. Jag kunde ta det lugnt och fika medan Gud fixade allt åt mig…

Men så var det verkligen inte. Jag bar på en bönebörda som var så tung att jag inte visste hur jag skulle orka med den. Vissa saker krävde att jag bad för dem i både dagar och veckor innan det bröt igenom till seger.

Känslan av att be flera i timmar i taget, utan att något händer, är lite speciell. Det krävs uthållighet, gång efter gång. Det är också viktigt att berätta om den där känslan när det är klart och man får ett genombrott. När man blir så fylld av Guds ljuva närvaro som bekräftar att det är klart. Det är som att man blir som berusad.

När jag säger att jag bad i flera dagar så var det flera timmar i taget, varje dag. När det äntligen bröt igenom var det ofta jag inte visste vad jag hade bett för. Jag visste bara att det var klart och jag bara visste att jag visste att det skulle gå bra. Och efter det hände alltid nästa sak som tog mig ett steg närmare målet.

Till slut var det äntligen klart. Min ansökan om Starta-eget-bidrag hade blivit godkänd. I slutet på maj 2016 kunde jag registrera min enskilda firma. Hade några kunder som jag fått via tidigare kontakter men insåg snart att det inte skulle räcka när bidraget väl tog slut. Jag ringde runt till olika affärsbekanta och berättade om mitt företag och vad jag kunde erbjuda. Ringde även några affärsbekanta utomlands, mest som en artighet.

En av dem, en amerikan som arbetade i London, var alltid lika artig och vänlig. *"Om jag hör något så tipsar jag gärna om dig"* sade han. Jag minns att jag log för mig själv åt hans artighet. Det var nog inte mycket han kunde göra för att hjälpa mig, tänkte jag. Men där hade jag fel för istället blev han en viktig nyckel.

En vecka efter att jag registrerat mitt företag blev jag nämligen uppringd av en engelsman. Han ringde från en internationell branschorganisation som behövde en representant i Norden. Jag förstod inte alls varför han ringde mig men gick med på att mötas veckan efter, när han var i Stockholm på en konferens. När vi träffades berättade han om hur de arbetar för att göra användningen av mobila arbetsplattformar säkrare över hela världen. Nu hade man bestämt sig för att expandera sitt arbetsfält till Norden och Baltikum och behövde hjälp med det.

De erbjöd ett långtidskontrakt på 10 dagar i månaden, som förnyas varje år. Jag lovade att fundera på saken och återkomma om någon dag. När jag kom hem gjorde jag en research på organisationen. Jag upptäckte att man varit aktiva sedan 1983 och har 90% av alla världens lifttillverkare som medlemmar. Med över 1200 medlemmar runtom i världen hade man redan då ett stort förtroendekapital. Och de behövde alltså min hjälp för att nå ut i Norden…

Min uppgift är att värva medlemmar och att göra deras liftutbildning mer känd. En utmaning som passar mig perfekt. På det här kontraktet skulle jag få in över 90% av kostnaderna för min lön. Resten visste jag skulle komma in utan problem. Kontraktet innebär en hel del resande både inom och utanför Norden. Med ett budskap som skulle förmedlas till hyrbolag och alla andra som är relevanta inom området skulle jag både planera, bestämma och genomföra resorna själv. Total frihet alltså, så länge jag höll mig inom resebudgeten. De första åren fylldes snabbt av resor, både med flyg och egen bil.

När pandemin kom tog det slut. I början på mars 2020, efter en veckas resande i Finland fick jag veta det inte skulle bli någon resa på ett tag framöver. Istället för att resa har jag kunnat ordna med andra saker, som att översätta utbildningsmaterialet till svenska. Jag fick en reducering av mitt kontrakt under några månader men har lyckats fylla ut tiden med andra kunder. Det är ingen överdrift att jag har klarat mig bra trots svårigheterna. Idag (februari 2021) ser jag fram emot att kunna börja resa igen, även om det dröjer innan allt återgår till det vanliga.

När jag tittar tillbaka över de fem år som har gått är det svårt att inte förundras. Då hade jag naturligtvis inte en aning om allt som du har fått läsa om här. Inte ens mina vildaste fantasier hade kunnat slå det som är en verklighet nu. Tänk om jag hade sagt nej till att starta eget, eller att träffa engelsmannen? Då hade inget av det här hänt…

Här syns Guds suveräna plan tydligt, för Han visste ju naturligtvis allt det här långt i förväg. Han planerade allt mer underbart än vad jag kunde önska mig. Jag behövde 'bara' göra min del för att det skulle förverkligas.

Idag, när jag ser tillbaka på de bönebördor som jag till slut lyckades be igenom, är jag så glad att jag inte gav upp. Käre läsare, jag kan inte förmedla alla detaljer i den här berättelsen då det skulle fylla en bok. Man jag minns många av dem, speciellt den där känslan av att Gud byggde något gott åt mig under tiden jag bad. Det var verkligen inget luftslott.

Ett av minnena är från arbetet med att ta fram företagets logotype. Det är ofta en lång och dyr process så den ville jag vänta lite med. Ett företag som jag anlitade i många år (när jag var anställd) erbjöd sig att ta fram en logotype åt mig. De till och med tog fram visitkort och en liten broschyr till mina säljbesök. Och de gjorde allt gratis, på bara en månad!

Ett annat starkt minne var när jag åkte till Schweiz för att skriva på mitt kontrakt. Där satt jag, nybliven företagare, klar att skriva på ett kontrakt som överträffade mina drömmar. För en sekund mindes jag hur jag 24 år tidigare legat på min säng, fullständigt utfattig och utan hopp. Den perioden är för alltid borta ur mitt liv och nu var det dags för mig att ta nästa steg.

Det blev så känslosamt så jag var tvungen att bita mig i läppen för att inte börja gråta. Som tur lyckades jag hålla en sansad min och kunde istället glädja mig över det som väntade. Och nu längtar jag efter att få fortsätta på den resan.

Ett tydligt exempel på **osäker** hantering av en lift.
Grinden i korgen har ställts upp så ingenting hindrar
användaren från att ramla ur liften. Dessutom har han
klivit ur korgen på höjd, trots att det är olagligt.

18. Första böneresan: till Pakistan

Jag vet mycket väl att jag inte kan
bota ens en fluga i min egen kraft!

Ifebruari 2017 spenderade jag tio dagar i Lahore i Pakistan. De dagarna har gett mig varma minnen för livet. Jag vill berätta lite om turerna omkring resan och vad det egentligen var som fick mig att åka till ett land dit Utrikesdepartementet avråder från *"icke nödvändiga resor"*.

Till att börja med har jag inget eget intresse av att åka till något muslimskt land, av ganska självklara orsaker. Dessutom är det långt bort, med flygtider på över elva timmar för att komma dit. Någon reseguide om Pakistan fanns inte att hitta i bokhandeln. När jag googlade på reseberättelser från landet kom det mest upp äventyrslystna människor som ville åka till något helt annat än de vanliga turistmålen.

När jag fick inbjudan att åka dit var min spontana tanke *"Nej, aldrig i livet!"* Men något hände på insidan, en känsla som dels kan förklaras med nyfikenhet men mest med den där mjuka rösten av Guds tilltal i ens hjärta. Motvilligt började jag be över saken. Jag har ju tidigare konstaterat att jag skulle vara död och begravd för länge sedan om det inte hade varit för Guds ingripande, flera gånger.

Eftersom jag inte skulle leva idag utan Guds nåd känns det inte så svårt att ge honom mitt liv. *"Alltså är det inte längre jag som lever, utan Kristus"* (som Paulus skriver i Galaterbrevet 2:20).

Tanken på att resa var ju ganska lätt att vifta bort, trodde jag. Istället var det som en längtan började växa i mitt hjärta. Till slut, efter att ha bett över saken under några dagar, bestämde jag mig för att ge upp motståndet och istället följa mitt hjärta och resa till Pakistan.

Först tänkte jag inte berätta för någon utomstående om min resa då jag betalade allting själv och inte behövde någon ekonomisk hjälp. Men under förberedelserna kom insikten att jag skulle kunna samla in pengar till matpaket till fattiga familjer i byarna vi skulle besöka. Motvilligt tog jag kontakt med vänner, som gensvarade med ett stort hjärta. Pengarna jag samlade ihop räckte till 108 matpaket med basvaror, i olika storlekar. Efter hemkomsten publicerade jag bilder på Facebook på alla glada mottagare av matpaketen.

Även om jag såg fram emot att kunna hjälpa fattiga familjer så var det en annan sak som vägde minst lika tungt. Tänk att få be för sjuka och se dem bli friska. Tänk att få se en person som varit betryckt av olika tvångstankar komma ut i frihet. Jag vet att det låter galet för en som inte tror på under och mirakel, men jag vet vem jag tror på! Och jag kommer så väl håg de mirakler jag själv har upplevt.

Jag såg även resan som en möjlighet att få prova om Gud kan göra under genom en vanlig person, som jag. Tänk om bara någon enda blir bättre efter förbön, då är det ju värt det, tänker jag. Då har jag i alla fall gjort det lilla jag kan för att hjälpa dem. Här vill jag understryka att jag aldrig har garanterat någon ett mirakel, det har jag ingen rätt att göra. Men jag tror att Jesus gör under än idag!

På plats i Pakistan höll vi ett möte varje dag, sju dagar i rad, på tidig eftermiddag. Överallt där vi höll möten såg man en tydlig Gudshunger bland människorna. Vi berättade aldrig i förväg att vi skulle dela ut matpaket.

Vid ett tillfälle var det över 50 personer som hade trängt ihop sig i en liten lägenhet där vi höll mötet. Folk satt överallt, det fanns knappt plats att stå när jag skulle tala. När elen förvann under en stund fick vi hålla mötet i skenet av ficklampor tills strömmen kom tillbaka. Men ingen klagade, alla ville vara kvar och lyssna när jag berättade om hur Gud kan använda vanliga människor. Som mig, alltså.

I slutet av varje möte inbjöd jag till förbön. *"Om du har något problem i din kropp eller själ vill jag gärna be för dig, om jag får"*, sa jag. Varje gång kom det fram personer och köade för att få förbön. Totalt fick jag be för ca 150 personer under min resa. Det var allt från muskelvärk, ledvärk och synproblem till problem med tvångstankar och elaka familjemedlemmar som nu hade rymt hemifrån. De tog alltid emot förbön med en varm tacksamhet.

Jag har kommit till en punkt i mitt liv där jag är så pass stark i min tro på att Jesus gör under, att jag vågar göra en sådan här sak. Annars vore jag ju galen. Jag vet mycket väl att jag inte kan bota ens en fluga i min egen kraft! Men jag går inte i min egen kraft. Jag ber i Jesus namn, och då händer det saker.

Efteråt har jag fått rapporter om drygt 15 mirakler. De flesta gäller smärta som har släppt, ibland efter flera års plåga. Andra vittnesbörd gäller högt blodtryck som gått ner till normalt och vid något fall en ekonomisk situation som plötsligt löste sig på ett övernaturligt sätt. Jag vet att en del personer är för blyga för att berätta att de har blivit hjälpta, medan andra tycker att problemet löste sig 'av sig självt'. Jag såg själv hur Gud vidrörde människor mäktigt när vi bad för dem.

Jag har tidigare berättat om när jag mötte Guds kraft för första gången, det var 1985 då den Helige Ande slog ner i mitt liv. På den här resan har jag fått uppleva nåden att stå i den kraften själv och få förmedla under och mirakler till människor i ett helt annat land, flera dagar i rad. *Jag vet att Jesus gör under idag,* det är Han som ska ha all äran! Jag är bara en kanal för Honom, *det är Han som kan allt!*

Jag skulle kunna berätta så mycket mer än vad jag får plats med här. Men en sak är ju uppenbart för mig: Inget slår känslan att få gå med Jesus på Hans äventyr!

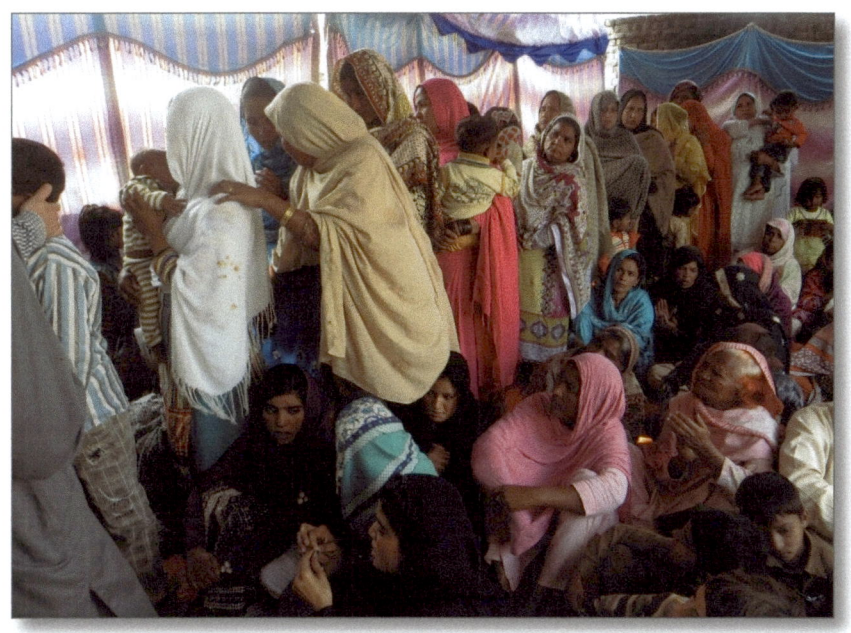

Människor köar för att få förbön i Rangpura Sialkot, Pakistan.
Längst till vänster skymtar min hand när jag ber för en pojke.

19. Slutord

Det är inte jag som är cool!

Kära läsare, nu har du fått ta del av några av mina personliga erfarenheter. Jag har valt att kliva ur min komfortzon ordentligt och vara väldigt öppenhjärtig. Berättelserna täcker bara några av mina erfarenheter, dessutom har många negativa händelser och dess detaljer utelämnats. För naturligtvis har jag gjort misstag och ställt till med en hel del klantigheter genom åren.

Många vittnesbörd kan ge sken av att livet blir perfekt och underbart direkt efter att man blir kristen och låter Jesus leda en genom livet. Riktigt så har det inte varit för mig. Problemen har funnits där och en del har varit riktigt besvärliga, även om jag har orsakat de flesta själv. Men Jesus har också funnits där och har hjälpt mig att ta mig igenom allt. *Han* är en starkt bidragande orsak till att jag fortfarande lever.

Många av de här historierna har inte berättats tidigare då de ligger mig varmt om hjärtat. Jag skriver bara om mina egna upplevelser, utan att lägga till något. Det jag har varit med om behöver knappast kryddas, därför återges det så avskalat från eget skryt som det bara går.

För det är inte jag som är cool! Den som ska ha all ära heter Jesus Kristus, Han som dog för oss alla på ett kors för 2000 år sedan. Det är lätt att förstå om du blir förundrad över vad Gud har gjort och fortsätter göra i mitt liv. Tro mig, jag har också blivit förundrad över Hans nåd många gånger. För det är bara Nåd.

Varje människa är unik, eller hur? Men trots det behöver du förstå en sak: Jag är inte mer speciell än någon annan. Trots mitt namn är jag ingen superhjälte; superkrafterna lyser ju med sin frånvaro. I mig själv finns verkligen inget att skryta över. De under och mirakler som har hänt i mitt liv har inte hänt tack vare mig. *De har snarare hänt **trots mig**.*

Det enda jag har gjort själv är ett aktivt val, att alltid ha ett öppet hjärta för Guds ledning i mitt liv. Det är en viktig faktor för att vara nära Jesus, att vilja umgås med Han som redan vet allt om mig men ändå älskar mig.

En personlig inbjudan

Nu har det gått 40 år sedan jag tog ett aktivt beslut att vara kristen. Efter min upptäckt av det nya livet blev allt annat ointressant. Sådan är jag; tvekar och funderar länge innan något stort beslut. Men när jag väl har bestämt mig är det 100% som gäller.

Jag vill inbjuda dig att lära känna Jesus. Om du tackar ja till Honom blir det en resa som inte går dig obemärkt förbi. För när Jesus blir inbjuden av en människa kommer Han med en ljuvlighet som förändrar människor i grunden. I Uppenbarelseboken 3:20 säger Jesus: *"Se, jag står vid dörren och knackar. Om någon hör min röst och öppnar dörren, ska jag gå in till honom och hålla måltid med honom och han med mig."*

Bilden av en måltid används för att det är en trevlig händelse, där alla inblandade ska må bra. Jesus är sådan, alla mår sådär himla bra när man är i Hans närvaro.

Under åren har jag träffat människor som inte har vuxit upp i en kristen familj (och naturligtvis många som har en kristen tro från unga år också). De som har gjort störst intryck är de som kommit från någon typ av misär och nu lever ett liv i upprättelse.

Flera av dem jag har träffat är före detta kriminella, av den sorten som samhället helst vill se bakom lås och bom. I deras livsberättelse ser man hur Jesus har förändrat dem från grunden på ett sätt som varken kan förnekas eller spelas upp, som någon teater för att slippa konsekvenserna av deras tidigare liv.

Det är människor som fick möta Jesus när deras liv var som värst. Personer som har fått kämpa sig genom fängelsedomar och andra besvärligheter. Förändringen är tydlig, även flera år efter att de gav sitt liv till Jesus.

Men Gud vill också möta **DIG**. När Jesus dog på korset var det för alla människor på hela jorden. Dig och mig och alla andra, utan undantag.

I Johannes 3:16-17 står det *"Så älskade Gud världen att han utgav sin enfödde Son, för att var och en som tror på honom inte ska gå förlorad utan ha evigt liv. Gud har inte sänt sin Son till världen för att döma världen, utan för att världen ska bli frälst genom honom."*

När jag upptäckte att det verkligen stämmer var det inte långt till mitt beslut att börja leva för Jesus. Om Han var villig att dö för mig, på korset för 2000 år sedan, är jag villig att leva för Honom idag och resten av mitt liv.

Bibeln säger att vi människor är skapade till Guds avbild och att vi behöver komma tillbaka till den gemenskap med Honom som vi är skapade för. Då Gud inte har anseende till person vet jag att Han vill förvandla ditt liv också. Om han får, förstås.

Men vi måste våga ta emot Hans förlåtelse. Vi måste våga tro att Han vill oss gott.

Apostlagärningarna 10:38 berättar att *"Jesus gick omkring och gjorde gott och botade alla…"*.

Hur blir jag kristen?

Man blir frälst genom att fatta ett medvetet beslut om att acceptera Jesus som Herre i sitt liv. Bli helt ärlig och vänd dig till Jesus Kristus. Du kan be med dina egna ord, eller efter den här korta bönen.

Läs innantill, högt för dig själv:

Jesus jag kommer nu till dig.

Förlåt mig för alla mina synder.

Jag tar emot Dig som Herre och frälsare.

Jesus jag ger dig hela mitt liv och tackar Dig för att Du gav Ditt liv för mig.

Led mig in i det liv Du har tänkt för mig.

Amen

Om du bad med i bönen är du nu frälst, ett annat ord för kristen.

Grattis!

Hela Himlen gläds över dig, precis som det står i Lukas 15:7.

Det här är ett tillfälle som kan vara känslosamt för en person, medan en annan person kanske inte märker några påtagliga känslor. Det viktigaste är att tro på och lita på Jesus Kristus. Bibeln har ett löfte till dig i Johannes 1:9: *"Men åt alla som tog emot honom gav han rätt att bli Guds barn, åt dem som tror på hans namn."*

För att gå vidare i din kristna tro rekommenderar jag att du går en Alphakurs, några kurstillfällen som utforskar grunderna i den kristna tron. Samlingarna innehåller alltid mat, föredrag och samtal. Det är en miljö där frågor uppmuntras och du kan fråga vad som helst.

Ett enkelt första steg att komma igång är att göra en internetsökning på ordet *Alphakurs* och din ort. Alpha arrangeras av många olika kyrkor runtom i Sverige.

Såhär ser logotypen ut, håll utkik efter den.
© Alpha International

Gud Välsigne Dig!

A. Kort om bön

Har du också funderat på om man kan samtala med Gud? Svarar han? Här vill jag ge min bild av bön och berätta lite om vad jag har upptäckt.

Vid en första anblick kan bön vara det mest meningslösa man kan ägna sig åt. Tala rakt ut i luften till någon som man inte ser. Och sedan börja tilltala omständigheter och ge dem order…

För en person som inte har en levande relation med Jesus är det ofta så bönen uppfattas, snudd på dårskap. Man viftar ofta bort bönen med förklaringen att *"det är väl bra att du har fått prata av dig om det som bekymrar dig"*.

Här i västvärlden himlar folk ofta med ögonen när man talar om bön. Men för den som tror på Jesus är bön något av det kraftigaste som finns. Det blir ju extra tydligt när bönesvaret kommer och en omöjlig situation förändras.

Till att börja med finns det många olika typer av bön. Några av dem är lovsång, tillbedjan, gemenskap med Gud, tacksägelse, och att be för en förändring. Här fokuserar vi på den typen av bön som vill förändra något.

Vi delar in den typen av bön i två delar, nämligen den som jag själv tar initiativ till, och den profetiska. Den bön jag själv tar initiativ till grundar sig på min egen vilja att förändra något, från mitt perspektiv. Det kan vara behov av ett nytt jobb, helande från sjukdom, vägledning från Gud eller något annat. Det är den typ av bön de flesta förknippar med ordet *"bön"*.

Den profetiska bönen är på ett helt annat plan då det är Gud som tar initiativet till den. När Gud har planerat något gott för oss behöver vi göra vår del av arbetet. Det har hänt både vid behov man inte ser än, eller vid en annalkande fara. Gemensamt för dem är att man ofta inte har en aning om vad som väntar, men behöver be ändå. Det är Den Helige Ande som vet allt och då behöver vi välja att lita på Honom.

Hur ska Han kunna leda mig utan att jag vet vad det handlar om? Romarbrevet 8:26–27 säger *"Så hjälper också Guds Ande oss i vår svaghet. Vi vet inte vad vi borde be om, men Anden själv vädjar för oss med suckar utan ord. Och han som utforskar hjärtan vet vad Anden menar, eftersom Anden vädjar för de heliga så som Gud vill."*

Det finns många olika sätt som det kan ske på. Det som jag har nämnt några gånger är bönebördan.

Vad menas med bönebörda?

Den enklaste förklaringen på en bönebörda är en uppmaning att be för en förändring av något slag. Gud lägger som en oro på vårt hjärta, fast det inte är en vanlig oro. Det är en återkommande uppmaning att be, helt enkelt. Det mänskliga sinnet räcker inte långt när vi vandrar med Gud då det är så lätt att manipulera. Därför lägger Gud uppmaningen att be djupare än så, i vårt innersta.

Att beskriva hur en bönebörda känns är inte lätt. Man kan säga att det är en typ av oro som inte är känslomässig eller går att förklara psykologiskt. En av flera kännetecken är att jag kan välja att säga nej till en bönebörda. Den kan även minska en tid när jag behöver vila. När en bönebörda är avklarad fylls man ofta av en Guds Frid som övergår allt förstånd.

Att be igenom

Det effektivaste sättet att hantera en bönebörda är att be igenom. Uttrycket kommer från den tidiga pingstväckelsen där man tillämpade den bibliska principen att be ända tills man såg resultatet. *Man bad alltså tills det var klart.*

I Bibeln finns ett antal berättelser där Jesus ofta bad i många timmar och ibland till och med hela natten. Om Jesus behövde be så mycket för att se Guds vilja manifesterad i sitt liv så behöver vi som kristna göra det ännu mer. Först då får vi se Gud förändra saker i våra liv på den nivå som Han vill.

Bönens "juridik"

Varför kan Gud inte fixa saker och ting själv? Om Han inte har några begränsningar kan han väl det? Ibland tror man att Gud antingen inte kan, eller så bryr Han sig inte. Men Gud både vill och kan, och Han bryr sig om oss så mycket mer än vi någonsin förstår.

Vi måste komma ihåg att Gud gav den här jorden till oss människor. Det är vår egendom och det är vi som bestämmer här. (Nu förenklar jag för det är inte riktigt så enkelt.)

Tänk dig att någon får ett hus i gåva. När givaren kommer och hälsar på respekterar han om ett rum har byggts om eller målats i andra färger än vad han tänkte från början. Gud respekterar oss och vår vilja, även när den går emot vad Han hade planerat. Han är en mycket vänlig person.

När jag ber för någon så inbjuder jag alltså Gud att komma och göra det Han vill mest av allt, nämligen att hjälpa människorna! Man kan se det som att varje kristen är Guds ambassadör!

Gud vill oss bara gott, frågan är om Han får göra det i våra liv?

B. Min syn på det övernaturliga

Allt är inte Gud som glimmar

Idag har vi nästan avskaffat Gud helt här i västvärlden. Det övernaturliga hör man mest om från New Age och i andra ockulta sammanhang. Själva ordet *"övernaturligt"* associeras mest med trolleri, spådomar, spöken och annat konstigt. Det gör att många saknar förståelse om det sunda övernaturliga och tycker att ämnet är allmänt olustigt.

Själv har jag träffat flera personer som har varit med om övernaturliga händelser. Ofta är det en enkel sak, till exempel en intuition. Man kommer att tänka på en gammal vän precis innan personen ifråga ringer. Men det finns även kraftigare yttringar. En gång berättade någon om en isande vind som gick genom rummet fast det var sommar och alla fönster var stängda. Man hade samlats för att samtala om en släkting som nyss hade gått bort när konstiga saker började hända och atmosfären i rummet kändes olustig. Det var en osund övernaturlig händelse.

Jag förstår om människor tycker att det är spännande och det finns flera TV-program med det här som tema. *Men jag har aldrig hört någon berätta om hur fantastiskt bra de mår efter en seans, och hur oro och mardrömmar slutat plåga dem.* Det händer inte, av den enkla orsaken att det inte är Guds kraft som är aktiv där.

Det finns nämligen sunda övernaturliga händelser, och det finns osunda. Hur vet man skillnaden? Ett enkelt sätt är att fråga hur folk mår efteråt. Mår de sådär bra som man bara gör i Guds närvaro, eller känns det olustigt?

Bibeln berättar om hur allt startade, i första Moseboken, kapitel 3. *"Om frukten på trädet mitt i lustgården har Gud sagt: Ät inte av den och rör inte vid den, för då kommer ni att dö."* Vi vet hur det gick. Adam och Eva åt av den förbjudna frukten och dog. Men dog de verkligen? Bibeln berättar ju att de levde vidare även efter syndafallet. Hur hänger det ihop?

Människan består av kropp, själ och ande. Kroppen känner vi alla till. Om själen kan vi säga att vårt förstånd och våra känslor sitter här. Resonemang, logik och minnen är några andra funktioner hos själen. Alla de funktionerna överlevde ju syndafallet, även om de påverkades.

Det som dog vid syndafallet var kontakten med Gud. Bibeln konstaterar i Johannesevangeliet 4:24 att Gud är ande. När den funktionen klipptes av kunde människan inte längre ha den typen av gemenskap med Gud som vi är skapade till att ha. Det gäller alla människor.

Inte nog med att Adam och Eva tappade kontakten med Gud, de släppte dessutom in ondskan i världen. Innan syndafallet fanns varken brist, lidande, nöd eller död. Allt var fullkomligt underbart. Vi ser dagligen exempel på att det inte längre är så här på jorden.

Bibeln säger att människans ande behöver födas på nytt. I Johannesevangeliet 3:3 säger Jesus: *"Jag säger dig sanningen: Den som inte blir född på nytt kan inte se Guds rike."* Idag kallar vi det att bli kristen och att bli frälst.

Jag känner flera personer som har varit verksamma i New Age. Alla konstaterar att livet som kristen är så mycket bättre än deras gamla liv, på alla punkter. De har fått en frid i sitt inre som inte fanns där förut. Att jämföra New Age med livet de har i Jesus blir som att jämföra ett stearinljus med ljuset från solen en klar sommardag.

Det går nämligen inte att hitta något mörker i Guds närvaro. Guds Ande kan uppfylla en till den grad att man nästan vill be Honom skruva ner lite. Jag vet det av egen erfarenhet. I Hans närvaro mår man så bra att man bara vill dröja sig kvar så länge det går. I Markusevangeliet kapitel 9 visar Jesus sin härlighet för några av sina lärjungar. Petrus ville bygga hyddor på platsen så de kunde stanna kvar i Guds närvaro ännu längre.

När man blir kristen kommer man in i en sund övernaturlig relation med Jesus. Hur det yttrar skiljer sig ganska mycket från person till person, beroende på vår personlighet och kallelse.

Vi behöver förstå att den ena varianten är inte 'bättre' eller mer värd än den andra. Man blir inte 'mer' kristen för att man får uppleva vissa saker. Gud älskar oss alla till 100% precis som vi är.

Jag har berättat en del om några av de övernaturliga händelser jag själv har varit med om. Ett annat exempel på sund övernaturlighet är när man ber för någon och får en profetisk hälsning till den personen. Jag ser det övernaturliga som 'Guds naturliga'. Det blir naturligt på ett sätt som inte kan förklaras.

Men det är också lätt att gå lite vilse här. När man börjar söka vägledning i det övernaturliga istället för att söka Jesus får man snabbt fel fokus. Det finns kristna som vill tolka allting som övernaturligt. "Om kranen droppar tre gånger så måste jag gå och handla" är ett tokroligt exempel. Det tydligaste sättet att se skillnaden är att kolla om det stämmer med vad jag känner i mitt hjärta istället.

Man kan sammanfatta det såhär:
Gud är naturligt övernaturlig, men Han är aldrig onaturlig!

C. Att finna sin kallelse

"Du vet att du är kallad av Gud när kallelsen har dig!"

Tänk dig att veta att man har en kallelse på sitt liv, men inte får grepp om den. Hur sätter man ord på någonting som har legat på ens hjärta i årtionden? Går det ens att förklara? Här vill jag berätta om min resa att hitta min egen kallelse, i hopp om att någon kan komma lite närmare en insikt om sin egen kallelse.

Apostlagärningarna kapitel 19 beskriver hur Saulus fick möta Jesus så radikalt att hela hans liv tog en helt ny inriktning. Där står också om en man som hette Ananias, som fick en profetisk uppgift från Gud. Vem var denne man?

Det börjar i vers 11: Då sade Herren till honom: *"Res dig och gå till Raka gatan och fråga i Judas hus efter en som heter Saulus från Tarsus, för han ber. I en syn har han sett hur en man som heter Ananias kommer in och lägger händerna på honom så att han kan se igen."*

Lite längre fram i texten får vi följa med Ananias när han ber för Saulus, som senare tog namnet Paulus. Några viktiga detaljer kommer fram här:

1. Gud kan använda vem han vill. Ananias nämns ju ingen annanstans i Bibeln och var nog inte med i församlingens ledningsgrupp. Min gissning är att han var en vanlig kristen, med ett hjärta att tjäna Gud.

2. Gud kan tala väldigt specifikt. Både adress och namnet på personen som behövde förbön var helt korrekta. Allt blev som Han sade.

3. När vi lyder Guds ledning får vi vara med och se Hans under och mirakler. Gud väljer att använda vanliga människor.

Nuförtiden känner jag mig lite som Ananias och ber gärna för de personer och situationer som Herren vill att jag ska be för. En kallelse kan vara tydlig, som en evangelist som inte kan låta bli att tala om Jesus. Några kallelser är livslånga medan andra kan vara för en kort period av ens liv. Vi har alla en plats i Guds fantastiska plan.

Ett exempel på en lite mer 'osynlig' kallelse är en äldre dam i Söderhöjdskyrkan som ansvarade för städningen av lokalerna. Hon var alltid mån om att hjälpa de olika teamen som turades om att städa i kyrkan. Det syntes lång väg hur hon trivdes med det hon gjorde. År efter år var hon trogen i sin uppgift. Hon gjorde det av hela sitt hjärta och visste att hon gjorde det för Jesus. När det är dags kommer Han att ge henne sin lön för allt arbete hon har gjort för Guds rike.

I mitt eget liv har kallelsen inte alltid varit tydlig. Började inse att jag är kallad i början under hösten 1985, ett halvår efter mitt första Gudsmöte. En längtan började ta form, att få göra något för Honom som har gett mig sitt liv. Först var den ganska luddig men sen blev den tydligare. Alltså, vetskapen att jag hade en kallelse blev tydligare. Själva kallelsen i sig var fortfarande otydlig. Det var frustrerande att inte se vad jag skulle göra med den längtan som fanns i mitt hjärta.

Den bästa beskrivningen på en kallelse fick jag höra av gudsmannen Bill Stenberg i en av hans predikningar. *"Du vet att du är kallad av Gud när kallelsen har dig."* Han menade att man inte kan hitta på sin egen kallelse för det är Gud som lägger den på dig. Det hörs ju till och med på uttrycket, *"kallad av Gud"*.

Ändå försökte jag göra just det, hitta på min kallelse. Bestämde att det nog är som missionär. Men vart skulle jag åka? Kanske till Afrika, som den klassiska bilden av en missionär? Kära läsare, du ska slippa läsningen om de tokigheter jag provade. Om tidsresor var möjliga skulle jag säga till den dåtida Kent att fokusera på att vara riktigt nära Jesus istället.

Till Kenya åkte jag för att jobba som ljudtekniker hösten 1995. Baktanken var att ha det som en mjukstart och sen övergå till att vara missionär. Nu efteråt känns det mer som att Gud tog mig dit för att visa mig att kallelsen inte alls var som missionär. Det krävs en viss typ av person för att klara av den afrikanska vardagen, något jag hade ganska svårt med. Dessutom hade jag ju en röra som väntade på mig här hemma, med stora skulder efter min ekonomiska krasch.

Under min tid i Mombasa hade jag gott om tid att fundera på min situation. Där kom insikten om behovet att ta tag i mitt liv istället för att försöka fly från verkligheten. Tillbaka hemma i Sverige var planen klar: Först skaffa en utbildning, sen skaffa ett jobb och börja betala av mina skulder. Kallelsen skulle ju inte försvinna för det.

Nu hoppar vi fram till våren 2004, då jag gick en kurs i gåvoupptäckande. Kursen heter *"Som fisken i vattnet"* och utgår från en bok med samma namn (utgiven av Willow Creek). På ett systematiskt sätt går man igenom vilka anlag man har naturligt, och på vilket sätt man trivs med att tjäna Gud.

Bilden av mig själv som potentiell missionär bleknade ganska snart. Istället började en annan bild träda fram, och den blev desto tydligare. Jag har ju alltid älskat att be och se saker förändras, både i mitt eget och i andras liv. Det var lätt att se ett mönster i det.

I slutet på kursen skulle vi välja ut några goda vänner som inte gick kursen själva. De skulle få ge sin syn på vad vi hade kommit fram till genom att svara på en rad frågor från kursboken. Alla jag pratade med kom, oberoende av varandra, fram till att min kallelse verkar vara inom bönens område. Vid summeringen av kursen blev det tydligt; jag är kallad till förebedjare. Efter 19 år hade jag äntligen hittat min plats i Guds plan..

Låt mig vara tydlig med en sak här: Ingen talade om för mig vad jag skulle komma fram till. Det var ingen 'utlottning' eller något annat konstigt. Det var helt och hållet min egen slutsats. Boken och kursen hjälpte mig att sätta saker i ett sammanhang, där jag kunde börja utvärdera faktorer på ett sätt som jag inte kunde ha gjort annars.

Lite trevande började jag berätta för andra vänner vad jag hade kommit fram till. Alla instämde i mina slutsatser. Till slut, efter att ha prövat det grundligt i mitt hjärta, började jag bli alltmer öppen med kallelsen. Nu blev jag alltmer självsäker i min kallelse och fick möjlighet att tjäna på olika sätt.

Kallelsen till förebedjare har den fördelen att den kan kombineras med ett vanligt jobb utan problem. Mina favoritplatser att be på är när man är på resande fot. Med lovsång i hörlurarna går det bra att skärma av sig från världen en stund, oavsett om man sitter på en buss eller i ett flygplan.

När min inbjudan till Pakistan kom såg jag möjligheten att få be för människor, men även att undervisa om bön. Efter det har möjligheter börjat öppna sig på flera platser. Jag har även fått undervisa och be för människor i Tyskland, USA och nu senast i Indien. Vi får se vilka möjligheter som kommer framöver.

Mitt stora intresse är att undervisa om bön, principen att *"ge den fattige ett metspö istället för fisk"* fungerar bra här. . Idag vill ju många så gärna att någon annan ska be för deras problem. Jag har själv vänt mig till kända predikanter för att få deras förbön. Men Bibeln är väldigt tydlig med att Gud inte har anseende till person. Han hör bön från barn likaväl som han hör bön från någon annan.

När man är en bekännande kristen säger Bibeln att man har rätt att komma inför Guds tron och be om hjälp. Alltså kan varje frälst person be och få bönesvar. När jag insåg det tog sökandet slut efter någon som kunde göra bönearbetet åt mig. Istället ser jag till att be igenom, ända tills det är klart.

Till slut, ett råd till dig som vet att du bär på en kallelse, men inte vet till vad: Var nära Jesus och lyssna in vad Han leder dig att göra! Kolla efter mönster, på vilka sätt du trivs att tjäna Gud.

Ett tydligt mönster för mig var att jag helst av allt agerade förebedjare i olika situationer. Och att gå en kurs, som jag gjorde, är ju också ett bra sätt.

D. Tack

Att skriva sina memoarer innebär flera utmaningar, det är ju något helt annat än att berätta dem för någon muntligen.

Till att börja med går hela den personliga biten med gester och sättet att berätta förlorad. Dessutom ska det bli en text som inte är full med grammatiska fel. Att börja en mening med *och* eller *men* går bra muntligen men inte i skrift.

Samma sak med ordet *jag*, som ju förekommer några gånger i en självbiografi men inte kan upprepas för ofta i skrift. Efter att ha rensat bort ett antal använder jag bara det ordet 655 gånger…

Jag är mycket tacksam för den hjälp jag har fått med att fila bort de värsta grammatiska felen och vill speciellt takka *Maria O, Roger G, Mats F* och *min bror Leif.*

Från djupet av mitt hjärta, TACK!

Kent